墨香财经学术文库
“十二五”辽宁省重点图书出版规划项目
辽宁省社会科学规划基金委托项目

Political Economy Research of the Revitalization of the Northeast Old Industrial Base under the Background of the Structural Reform of Supply-Side

郑尚植 ◎ 著

供给侧结构性改革背景下东北老工业基地振兴的政治经济学研究

东北财经大学出版社
Dongbei University of Finance & Economics Press
大连

图书在版编目（CIP）数据

供给侧结构性改革背景下东北老工业基地振兴的政治经济学研究 / 郑尚植著. —
大连 : 东北财经大学出版社，2021.10
（墨香财经学术文库）
ISBN 978-7-5654-4253-7

Ⅰ. 供…　Ⅱ. 郑…　Ⅲ. 老工业基地-区域经济发展-政治经济学-研究-东北地区　Ⅳ. F427.3

中国版本图书馆CIP数据核字（2021）第126872号

东北财经大学出版社出版发行
大连市黑石礁尖山街217号　邮政编码　116025
网　　址：http://www.dufep.cn
读者信箱：dufep @ dufe.edu.cn
大连永盛印业有限公司印刷

幅面尺寸：170mm×240mm　字数：171千字　印张：12　插页：1
2021年10月第1版　　2021年10月第1次印刷
责任编辑：时　博　王　斌　　责任校对：孙　昕
封面设计：冀贵收　　版式设计：钟福建
定价：45.00元

教学支持　售后服务　　联系电话：（0411）84710309

如有印装质量问题，请联系营销部：（0411）84710711

前言

东北地区是新中国工业的摇篮，是我国计划经济时期重化工业、装备制造业高度集聚的典型区域，在国家发展全局中举足轻重，在国家现代化进程中至关重要。在从计划经济向市场经济转轨的过程中，由于体制机制重构的滞后性以及资源环境的约束，东北地区一度陷入比较严重的经济衰退。

近年来，随着国内外环境的变化，我国经济发展进入新常态，呈现出一系列新的阶段性特征，这是不以人的意志为转移的客观趋势。在新常态的背景下，东北经济下行压力持续增大。2015 年，辽宁、吉林和黑龙江的地区生产总值增速分别下降到 3%、6.5% 和 5.7%，在全国属于垫底位置。2016 年第二季度东北地区经济增速虽然较第一季度有所回暖，但基本上没有改变 2015 年以来的下行态势。2016 年上半年，辽宁 GDP 增速为-1%，在全国垫底；黑龙江 GDP 增速为 5.7%，位于全国倒数第三；吉林 GDP 增速为 6.7%，与全国平均数持平。这说明，上一轮东北老工业基地振兴中形成的增长动力正在衰减，原有的经济发展方式和经济结构在很大程度上已经不适应新常态的要求。《中共中央国务院关于全面振兴东北地区等老工业基地的若干意见》正是在这样的背景下出台的。东北地区应紧紧抓住国家全面振兴东北老工业基地的战略机遇，增强适应经济发展新常态的紧迫感，深入推进供给侧结构性改革，积极培育经济发展的新动能。

本书正是基于以上现实背景，旨在从供给侧结构性改革视角对影响东北老工业基地振兴的相关因素进行考察和研究。

本书内容可以分成四个部分，第一部分主要是基于新发展理念，对东北地区高质量发展的现实状况进行实证考察；第二部分主要基于供给侧的微观基础——东北地区的国有企业以及企业家精神进行理论与实证研究；第三部分基于供给侧的宏观运行对虚拟经济与实体经济的关系、政府规模与经济增长的关系进行实证考察；第四部分属于政策应对——通过推动新旧动能转换、构建新型政商关系来实现东北地区高质量发展。

本书内容主要是作者近年来关注东北地区经济发展并对其进行相关研究的论文集合，希望能够基于供给侧结构性改革视角从不同维度对东北老工业基地振兴的相关问题进行理论解读，从而为未来东北振兴提供相关政策建议。

作　者

2021 年 9 月

目录

宏观运行篇

政策应对篇

导论

在2015年召开的中央财经领导小组第11次会议上，习近平主席强调着力加强供给侧结构性改革，着力提高供给体系质量和效率，增强经济持续增长动力。自从习近平首次提出供给侧结构性改革以后，社会上出现了各种理论版本进行解读。根据已有文献梳理，围绕如何理解“什么是供给侧结构性改革”，大致可以归结为两大思路。第一条研究路径主要基于凯恩斯主义理论，从需求侧失效出发，讨论供给侧在当前的适用性与合理性，从而强调供求双侧平衡解决宏观经济问题；另外一条思路主要来源于西方供给学派，以贾康、肖林为代表的“新供给经济学”从推动经济增长的五个要素（劳动力、土地和自然资源、资本、科技创新、制度）出发探究相对应的供给侧的动力机制。

上述两种研究思路通过比较研究供给侧与需求侧的各自特征对反思主流经济学有一定的启发作用，但并没有真正考察供给侧结构性改革的理论本质和实践逻辑，而且进一步仔细研究可以发现它们都存在理论局限和解释困境。首先，在理论上通过回顾经济思想史，我们知道不论是强调需求侧的“凯恩斯主义”还是强调供给侧的“供给学派”，都是把需求与供给割裂开来作为两种宏观经济政策的“相机抉择”，并没有真正看到供给与需求背后的同一性，所以从“萨伊定律”、里根经济学、供给学派等西方经济理论中寻求供给侧结构性改革的理论基础无异于缘木求鱼。其次，从中国经济改革的实践出发，众所周知，社会主义经济改革源于短缺，所以供给侧结构性改革一直以来是我们所强调与践行的，从农村的土地制度改革到城市的国有企业改革在本质上就是扩大供给、发展生产力。所以，当前强调供给侧结构性改革并不是说过去我们的改革只有需求侧没有供给侧，现在才开始强调供给侧。这就是为什么习近平总书记多次强调，我们提的供给侧结构性改革，完整地说是“供给侧结构性改革”，不能忘了“结构性”这三个字，离开“结构性”的实质谈供给侧结构性改革就没有了意义。

综上所述，正确理解和把握供给侧结构性改革一方面必须立足于马克思主义政治经济学研究范式，从生产力与生产关系的辩证关系和社会总生产的内在要求出发，既可以发现和找寻供给侧运动的基本规律，也能够理解“结构性”的矛盾所在；另一方面准确把握供给侧结构性改革必须植根于中国改革实践，供给侧结构性改革命题蕴含在建设中国特色社会主义市场经济的基本命题之中，其理论基础也必然蕴含在中国特色社会主义政治经济学的理论体系之中，并能为中国改革发展实践的过去和未来提供一致的解释力。

一、供给侧结构性改革的根本出发点：生产力与生产关系的内在矛盾

马克思主义政治经济学认为，生产力和生产关系之间的矛盾运动规律是人类社会发展的基本规律。一方面，生产力决定生产关系，生产力的发展变化会导致生产关系的发展变化。另一方面，生产关系反作用于生产力，当生产关系与生产力发展相适应，就会促进生产力的发展；当生产关系与生产力不相适应，就阻碍生产力的发展。在《政治经济学批判》序言中，马克思做了经典的表述：“人们在自己生活的社会生产中发生一定的、必然的、不以他们的意志为转移的关系，即同他们的物质生产力的一定发展阶段相适合的生产关系。这些生产关系的总和构成社

会的经济结构……社会的物质生产力发展到一定阶段，便同它们一直在其中运动的现存生产关系或财产关系发生矛盾。于是这些关系便由生产力的发展形式变成生产力的桎梏。那时社会革命的时代就到来了。”[①]

但是现实社会中，人们理解生产力与生产关系的矛盾运动，往往会形成两种截然不同的观点，一种观点只看到矛盾体的一方面，即只看到生产力这一方，坚持“生产力标准论”，片面强调生产力的决定作用；另一种观点则更加强调生产关系的反作用，主张生产关系是生产力发展的根本动力，坚持“生产关系标准论”。这两种观点在我国不同历史时期曾经都在一定程度上起到了重要的理论指导作用。特别是“生产力标准论”，我国改革开放以来就是遵循这一理论标尺，生产力得到大大解放，经济增长取得显著成绩。然而，近年来，“生产力标准论”逐渐被许多学者和地方官员简单理解为“生产力唯一论”，“以经济建设为中心”等价于“以GDP为中心”。最终，片面强调矛盾体中生产力这一方，忽略了生产关系已经由适应生产力发展到基本适应生产力，最后发展到不适应生产力乃至阻碍生产力的发展。也就是说，虽然生产力决定生产关系，但不意味着生产关系必然会亦步亦趋地随着有利于生产力方向的变化而变化。很显然，生产力发展的动力，既不能单由生产内部存在的矛盾得到说明，也不能单由生产关系的促进作用得到说明，归根结底，必须在生产力与生产关系之间的矛盾和对立斗争的统一中，在它们之间的辩证发展中，去找到它的依据。生产力的发展倾向和发展方向来自生产力构成要素中人的主导作用，而现实的、能动的生产力中的人总是处于一定生产关系之下的人。脱离开生产关系的人所构成的生产力只能是抽象的生产力，生产力的发展离开了人类进步与发展的要求，就不能促进人类进步与发展要求的实现，甚至成为危害和破坏人类社会发展基础的力量，就会形成生产关系与生产力之间的严重冲突，因而必须变革生产关系以使社会生产回归到促进人类社会进步与发展的道路上。

我国自2008年美国金融危机之后，经济增长放缓、结构性问题突出以及收入分配格局固化等改革困境的出现急需重新审视生产力与生产

① 中共中央马克思恩格斯列宁斯大林著作编译局．马克思恩格斯文集［M］．2卷，北京：人民出版社，2009：597.

关系的对立统一。在经济新常态背景下，习近平总书记提出推进供给侧结构性改革本质上就是对中国特色社会主义生产方式的理论重构。在供给侧结构性改革中，一方面必须从生产力的角度来认识“供给侧”，另一方面又必须注重从生产关系的角度来认识“结构性”。因此，不能停留在生产力这个层面上，必须深入认识生产关系这个层面存在的问题，仅仅从生产力角度来理解供给侧结构性改革是片面的，甚至是错误的。很显然，当前生产力与生产关系矛盾的主要方面表现为生产关系不适应生产力发展，必须高度重视已经形成的社会生产关系体系对于我国社会生产力所产生的巨大能动甚至决定性作用。因此，重启改革获取改革红利的关键在于如何重构生产关系以实现社会主义制度的自我完善。

在马克思看来，政治经济学应当主要研究一定生产关系下的生产，生产关系是一个环环相扣的整体，生产、分配、交换和消费这四个环节相互作用，紧密相连构成生产关系整体。在《政治经济学批判》序言中对四环节运动及其相互间的关系进行了重点论证，而从论证的过程和结论中可以看出，社会生产总过程中的四个环节不是各自为政、互不干预的，而是“构成一个总体的各个环节，一个统一体内部的差别”[①]。正是基于马克思的生产关系理论，本书分别从生产与消费、生产与交换、生产与分配三个方面去解读当前我国生产关系不适应的具体表现与现实困境，从而真正理解供给侧结构性改革的理论本质。

二、生产与消费：重构供给和需求的关系

（一）马克思关于生产与消费同一性的论述

马克思在其《政治经济学批判》序言中首次提出“消费与生产之间的同一性”命题，并从三方面对这一命题进行了严谨的和科学的讨论。消费与生产之间的同一性命题，是政治经济学的基础理论。今天，正确把握这一命题，对于我们理解供给侧结构性改革具有现实的指导意义。在马克思看来，消费与生产之间的同一性表现在三个方面：

首先，直接的同一性。生产直接是消费，消费直接也是生产，生产

① 中共中央马克思恩格斯列宁斯大林著作编译局．马克思恩格斯文集［M］．8卷，北京：人民出版社，2009：23.

与消费是可以相互转化的。“因此，这种消费的生产——虽然它是生产和消费的直接统一——是与原来意义上的生产根本不同的。生产同消费合一和消费同生产合一的这种直接统一，并不排斥它们直接是两个东西。”[①]

其次，“每一方表现为对方的手段，以对方为中介，这表现为它们的相互依存。这是一个运动，它们通过这个运动彼此发生关系，表现为互不可缺，但又各自处于对方之外。”[②]生产为消费创造作为外在对象的材料；消费为生产创造作为内在对象，作为目的的需要。没有生产就没有消费；没有消费就没有生产。

最后，间接的同一性。两者相互渗透，“生产生产着消费”，“消费生产着生产”[③]。“两者的每一方由于自己的实现才创造对方；每一方是把自己当作对方创造出来……消费不仅是使产品成为产品的终结行为，也是使生产者成为生产者的终结行为。另一方面，生产生产出消费，是由于生产创造出消费的一定方式，其次是由于生产把消费的动力，消费的能力本身当作需要创造出来”[④]。

（二）萨伊定律与凯恩斯主义：供给侧与需求侧的对立分割

马克思主义政治经济学所说的生产与消费关系本质上就是现代经济学中的供给与需求的平衡问题。实际上，在凯恩斯主义之前，古典经济学一直是非常重视供给侧研究的，始终强调供给比需求重要。从威廉·配第的“劳动是财富之父，土地是财富之母”到亚当·斯密、李嘉图的劳动价值论，经济学家们重点研究如何提高社会供给和财富创造能力。而法国经济学家萨伊把古典经济学重视供给的传统发挥到了极致，他认为是供给决定需求，供给创造需求，供给是第一位的，需求则是第二位的，萨伊的观点被后来的经济学家们概括为“萨伊定律：供给会创造它自身的需求”。马克思对于古典经济学在分析资本主义生产时只看到供

---

① 中共中央马克思恩格斯列宁斯大林著作编译局．马克思恩格斯文集［M］．8卷，北京：人民出版社，2009：15.

② 中共中央马克思恩格斯列宁斯大林著作编译局．马克思恩格斯文集［M］．8卷，北京：人民出版社，2009：17.

③ 中共中央马克思恩格斯列宁斯大林著作编译局．马克思恩格斯文集［M］．8卷，北京：人民出版社，2009：16.

④ 中共中央马克思恩格斯列宁斯大林著作编译局．马克思恩格斯文集［M］．8卷，北京：人民出版社，2009：17.

给侧进行了批判，他认为“像李嘉图这样一些经济学家，把生产和资本的自行增殖直接看成一回事，因而他们既不关心消费的限制，也不关心流通本身由于在一切点上都必须表现对等价值而存在着的限制，而只注意生产力的发展和产业人口的增长，只注意供给而不管需求”[①]。

资本主义社会周期性经济危机出现最终打破了人们对“萨伊定律”的迷信，20世纪大萧条的到来引发了凯恩斯主义革命，经济学研究开始从供给侧转向了需求侧。基于马尔萨斯的有效需求理论，凯恩斯主义强调通过政府干预以刺激总需求。在凯恩斯主义经济学看来，短期内需求决定供给，只要政府通过财政政策与货币政策进行相机抉择，就能够实现供给与需求的再平衡。凯恩斯主义长期以来在西方世界被奉为圭臬，成为各国政府制定经济政策的主要理论依据，然而通过需求拉动经济的需求管理政策并没有也不可能从根本上解决资本主义固有的基本矛盾，相反导致欧美经济滞胀严重、赤字规模失控和金融风险放大。改革开放40多年来，中国也一直执行凯恩斯主义的宏观经济政策，通过消费、投资、出口三驾马车拉动经济，特别是2008年金融危机之后政府依然通过4万亿元刺激海量投资，最终“需求侧管理”的效率越来越低下，经济发展步入新常态。

（三）“去产能、去库存、补短板”：供给侧与需求侧的协同发力

中国当前宏观经济的主要问题，既不是单独的有效需求不足的问题，也不是简单的产能过剩的问题，而是有效需求与有效供给不足同时并存，所以无论是需求拉动供给的国家干预主义，还是供给创造需求的经济自由主义，都不能全面真正地解决供求平衡问题，唯有供给侧与需求侧两端同时发力，推进双侧协同匹配才能实现中国经济的转型升级。

“去产能、去库存”的重点是解决中国的结构性产能过剩问题，主要分布在钢铁、煤炭、水泥、房地产等行业，这些行业的载体就是大量存在的“僵尸企业”。为了有效去产能，一方面需要供给侧借助各种化解方式为过剩产能找到出路，毕竟过剩生产能力并不都是无用的生产能力，积极地为产能寻求新用处和去处，可以减少资源浪费；另一方面需

---

① 中共中央马克思恩格斯列宁斯大林著作编译局．马克思恩格斯文集［M］．8卷，北京：人民出版社，2009：111.

要需求侧发挥优胜劣汰的市场机制作用，由市场来淘汰过剩生产能力，无效产能最终还是要需求侧来消化。值得注意的是，“去库存”，更多需要需求侧的作为，在发展中创造需求，如城市建设、城乡一体化建设、环境治理工程、提高户籍人口城镇化率、允许农民进城买房等。所以，供给侧的“产能过剩”问题，既要供给侧本身的调整，也要需求侧扩大需求。

“补短板”就是在生产领域加强优质供给，减少无效供给，扩大有效供给，使供给体系更好地适应需求结构变化。很显然，“补短板”不仅仅在供给侧方面通过技术创新提高产品的质量与档次，还要通过需求侧引导消费者由中低端消费转向高端消费，解决高端供给不足的结构问题，以实现供求之间在短期和长期的双向动态均衡。

三、生产与交换：重构实体经济与虚拟经济的关系

（一）马克思关于生产与交换关系的论述

在马克思看来，生产始终是第一位的，“摆在面前的对象，首先是物质生产。在社会中进行生产的个人，因而，这些个人的一定社会性质的生产，自然是出发点”①。所以，生产决定交换，在生产本身中发生的各种活动和各种能力的交换，直接属于生产，并且从本质上组成生产。“私人交换以私人生产为前提；交换的深度、广度和方式都是由生产的发展和结构决定的……可见，交换就其一切要素来说，或者是直接包含在生产之中，或者是由生产决定。”②

很显然，生产决定交换的同时，交换对生产也存在反作用。随着交换过程使货币从商品世界中游离出来，使商品使用价值和价值的内部对立，表现为商品与货币之间的外部对立，从商品流通转变成货币流通。但是，“随着生产的社会性的增长，货币的权力也按同一程度增长……最初作为促进生产的手段出现的东西，成了一种对生产者来说是异己的关系。生产者在什么程度上依赖于交换，看来，交换也在什么程度上不

---

① 中共中央马克思恩格斯列宁斯大林著作编译局．马克思恩格斯文集［M］．8卷，北京：人民出版社，2009：5.

② 中共中央马克思恩格斯列宁斯大林著作编译局．马克思恩格斯文集［M］．2卷，北京：人民出版社，2009：53.

依赖于生产者……”[①]交换价值脱离产品而在货币形式上独立化，与此相适应，交换（商业）则作为脱离交换者的职能而独立化。过去，交换价值是商品交换的尺度，现在，商业的目的不是直接消费，而是谋取货币。可见，交换阶段的发展变化直接影响着生产过程。

对单个资本的循环和周转分析以后，马克思论述了社会总资本的运行即再生产理论。在社会再生产中，我们更清楚地看到了交换对生产的基础性作用。交换是社会再生产的前提条件和基本内容。两大部类生产的平衡与否能够通过商品交换的情况直接反映出来。

（二）“实体不实、虚拟太虚”：实体经济与虚拟经济的严重脱节

在马克思所处的时代，物质产品的生产占据支配地位，实体经济较多，虚拟经济较少，马克思将其研究重点放在物质生产领域，因而实体经济是《资本论》的研究主题。随着20世纪70年代全球金融深化的发展，马克思关于生产与交换的辩证关系就表现为实体经济与虚拟经济的相互作用。价值增殖是所有资本的一般本质特征，最初表现为与实际生产过程相一致。随着货币虚拟化进程的加快，价值增殖的形式在发展变化，逐渐表现为虚拟的价值增殖，即与实际生产过程相脱离的价值增殖。虚拟资本循环运动公式由G-W-G′直接变成了G-G′，无论在形式上还是内容上，资本主义生产关系都呈现出高度表面化。

实体经济与虚拟经济相互独立又相互依赖，如果处于交换领域的虚拟资本的扩张严重背离了实体经济的发展要求，最终将引发经济危机。当前中国供给侧最突出的结构性问题就是虚拟经济与实体经济的严重脱节。一方面，“实体经济不实”，主要表现为既存在产能过剩、产品滞销，实体企业遭遇生存困境；又面临技术创新不足、产品附加值过低，从而导致实体经济大而不强。另一方面，“虚拟经济太虚”，主要表现为资产价格过高，尤其是以房地产为主体的资产价格连续翻番，逐步向上偏离了由实体经济决定的与内在价值相应的价格；同时债务率过高，宏观经济处于高杠杆状态。

---

① 中共中央马克思恩格斯列宁斯大林著作编译局. 马克思恩格斯文集［M］. 8卷，北京：人民出版社，2009：44.

（三）"去杠杆"：实体经济与虚拟经济的协调耦合

"杠杆"是一把"双刃剑"，适度的杠杆对实体经济有益，但如果杠杆率过高，债务增速过快，杠杆反而会拖累实体经济发展。很显然，"杠杆"的最优状态就是保证虚拟经济与实体经济的协调耦合，即两个子系统之间及其内部各要素间在总量与结构上匹配恰当，整个经济系统运转有效，虚拟经济与实体经济两者之间相辅相成。当前中国政府与企业的杠杆率都远远超过经济可承受水平，为了营造一个良好的经济金融生态，让经济和社会能够健康可持续发展，"去杠杆"已经势在必行、迫在眉睫。2015年中央经济工作会议将"去杠杆"列为2016年的五大任务之一，重在防范区域性和系统性金融风险。

基于实体经济与虚拟经济的耦合关系，要想真正做到"去杠杆"，首先必须把实体经济做实做强，实体经济是发展的动力源泉和坚实基础，如果没有实体经济的充分发展，虚拟经济也将难以健康发展。实体经济中高杠杆的主要原因在于存在大量的产能过剩，只有通过市场机制消化落后产能、淘汰僵尸企业，促进产业结构升级换代才能逐步实现降杠杆。

从虚拟经济出发，"去杠杆"必须弱化虚拟经济份额、优化金融资源配置，以金融去杠杆带动实体经济去杠杆。一方面，可以通过提高直接融资比重，鼓励实施债转股，在降低杠杆率和优化债务存量配置的同时，提升企业再融资能力；另一方面，可以通过提高资金使用效率和硬化预算软约束，继续推进地方政府性债务管理改革和国有企业混合所有制改革。因此，重视金融去杠杆能够为实体经济去杠杆提供更好的金融环境，确保金融体系稳定高效。

四、生产与分配：重构劳动和资本的关系

（一）马克思关于生产与分配关系的论述

首先，生产决定分配。分配关系和分配方式只是表现为生产要素的背面。个人以雇佣劳动的形式参与生产，就以工资形式参与产品、生产成果的分配。分配的结构完全决定于生产的结构。分配本身是生产的产物，不仅就对象来说是如此，就形式来说也是如此。就生产对象而言，

能分配的只是生产的成果，就生产形式而言，参与生产的方式决定分配和参与分配的形式。

其次，分配反作用于生产，生产受分配制约。马克思认为，如果在考察生产时把包含在其中的这种分配撇开，生产显然是一个空洞的、抽象的概念。“照最浅薄的理解，分配表现为产品的分配，因此它仿佛离开生产很远，似乎对生产是独立的。但是，在分配是产品的分配之前……这种分配包含在生产过程本身中并且决定生产的结构，产品的分配显然只是这种分配的结果。”

最后，生产与分配具有同一性，互为前提。马克思认为，一方面分配先于生产成为生产的前提，“决定生产本身的分配究竟和生产处于怎样的关系，这显然是属于生产本身内部的问题。如果有人说，既然生产必须从生产工具的一定的分配出发，至少在这个意义上分配先于生产，成为生产的前提”。另一方面，虽然这种分配对于新的生产时期表现为前提，但分配本身又是生产的产物，不仅是一般历史生产的产物，而且是一定历史生产的产物。通过生产过程本身，它们就从自然发生的东西变成历史的东西，并且对于这一个时期表现为生产的自然前提，对于前一个时期就是生产的历史结果，分配在生产本身内部被不断地改变。

（二）要素分配扭曲：资本与劳动的收入失衡

马克思对资本主义分配关系的研究最主要集中在资本与劳动的关系上。根据《资本雇佣劳动》的分析，资本无偿占有劳动的剩余价值，工资和利润是互成反比的。也就是说，“资本的份额即利润越增加，则劳动的份额即日工资就越降低；反之亦然。利润增加多少，工资就降低多少；而利润降低多少，则工资就增加多少”。

即使最有利于工人阶级的情势，即资本的尽快增加改善了工人的物质生活，也不能消灭工人的利益和资产者的利益，即资本家与工人之间的利益对立状态，利润和工资仍然是互成反比的。可见，即使我们停留在资本和雇佣劳动的关系范围内，也可以知道资本的利益和雇佣劳动的利益是截然对立的。

马克思以劳动-资本关系为切入点，深刻分析了资本主义经济运行的微观基础，鉴于中国实行的社会主义市场经济体制，劳资雇佣关系依然成立，这一分析框架对中国特色社会主义劳资关系仍具有解释力和生命力。很显然，与资本主义经济制度下的劳资剥削和对抗关系不同，中国特色社会主义劳资关系更多体现为劳资双方对经济利益的诉求关系和劳资收入分配的失衡。中国劳资收入分配失衡主要表现为劳动收入份额过低且持续下降，这种国民收入分配的失衡在微观上直接制约居民消费能力，在宏观上阻碍社会再生产的顺利运行。

（三）“降成本”：生产要素优化配置与提高全要素生产率

供给侧结构性改革的本质是从优化生产要素配置出发，矫正要素配置失衡从而提高全要素生产率。很显然，劳动与资本是最重要的两大要素，一旦两者之间配置失衡，最终导致错配成本上升，要素生产率下降。2016年中央经济工作会议将“降成本”列入重点经济工作，明确提出要帮助企业降低成本，主要包括制度性交易成本、税费成本、社保成本、电力成本、融资成本、物流成本六类成本。其实，这六类成本都属于企业的显性成本，政府通过相应的体制改革和简政放权，很容易就可以降下来。但是，提高全要素生产率所要降的成本并不是生产过程的显性成本，而是要降低核心生产要素的错配成本。

提高效率和降成本是一个问题的两面。提高全要素生产率从一定意义上说是节省要素投入，实际上就是“降成本”。根据马克思主义政治经济学基本原理，提高全要素生产率最终就是要大力发展生产力，而生产力由劳动资料、劳动对象和劳动者三要素构成。其中，劳动者是生产力中最活跃的因素，劳动资料与劳动对象只有与劳动者结合起来才能转化为现实的生产力。所以，供给侧结构性改革必须由要素驱动（资本驱动）向创新驱动（劳动驱动）转变，重视劳动力（人力资本）对产出的贡献从而提高劳动者报酬。虽然提高了劳动力成本，但通过引领要素重新配置可以显著提高全要素生产率，全要素生产率的提高将明显抵消劳动力成本的提高。

五、生产关系重构背景下供给侧结构性改革的实践路径

供给侧结构性改革是中国特色社会主义政治经济学理论体系的重要部分，不能简单照搬西方经济学理论，必须汲取马克思主义政治经济学

的理论滋养，在充分认知我国经济供给侧的主要矛盾的基础上，以马克思主义政治经济学指导供给侧结构性改革，化解广泛存在的结构性矛盾，实现经济持续健康发展，从而适应和引领经济新常态。

首先，根据马克思生产与消费同一性原理，供给侧结构性改革必须实现供求结构的协调兼顾，一方面发挥市场在资源配置中的决定性作用，通过市场机制淘汰过剩产能；另一方面更好地发挥政府作用，搞好顶层设计，简政放权，为企业松绑，消除过度的政府干预。供给侧与需求侧必须齐头并进、同时发力才能真正有效解决中国当前的结构性难题。

其次，根据马克思实体经济与虚拟经济的辩证关系，实体经济是物质财富的根本源泉和国民经济的坚实基础。所以，供给侧结构性改革必须通过优化产业结构、防止产业空心化和提升产业实力来化解产能过剩，从而大力实施提升价值链的发展战略。同时，政府也要培养和完善企业家精神，大力扶持社会创新，激发企业活力，坚守实体经济。

最后，根据马克思生产与分配的相互作用，供给侧结构性改革必须坚持和完善社会主义基本分配制度，进一步完善所有制结构，发挥国有经济主导作用，调整国民收入分配格局，努力实现居民收入增长和经济增长同步、劳动报酬提高和劳动生产率提高同步，切实提高劳动者地位，激发劳动者的创新精神。

现实考察篇

第一章　新发展理念背景下东北经济高质量发展的水平测度

改革开放40多年来，我国经济社会发展取得了举世瞩目的成就，同时，各种负面效应伴随经济增长开始逐渐显露。高投入、高增长带来了诸多问题，外延式、粗放式、总量扩张的传统经济增长模式难以为继。量变并非经济增长的根本目的，质变才是经济增长的本质要求。随着中国特色社会主义迈入新时代，经济从高速增长转向中高速增长的“新常态”，经济社会发展的重心也转向“好不好”与“强不强”的问题。我国社会主要矛盾已转化为人民日益增长的美好生活需要和不平衡不充分的发展之间的矛盾。2017年10月18日，在党的十九大报告中，习近平总书记做出重大判断：“我国经济已由高速增长阶段转向高质量发展阶段，正处在转变发展方式、优化经济结构、转换增长动力的攻关期。”经济高质量发展是解决不平衡、不充分问题的唯一路径。

发展理念作为发展行动的先导，它决定了发展目标、政策举措的根本方向，高质量发展与“创新、协调、绿色、开放、共享”五大新发展理念相契合。高质量发展不是指某一领域和过程，而是中国社会主义建设进入新时代对各个领域的更高要求，不仅指某一种产品或服务标准符合国际先进水平，而是整个供给体系都有活力、有效益和有质量，具有动力稳定与结构合理的经济发展基础，产生环境友好型的发展成果，最终服务于建设富强民主文明和谐美丽的社会主义现代化强国目标。与新发展理念相契合的经济高质量发展是解决我国动力结构转换、产业结构调整等的有效途径。

东北地区是我国重要粮食和农牧业生产基地、重大装备制造业基地，它是新中国工业的摇篮，是我国在计划经济时期重化工业、装备制造业高度集聚的典型区域，在国家发展全局中占据重要地位，是推动国家向现代化进程发展的主力，其经济地位对我国的影响是不言而喻的。国家自2003年实施东北振兴战略以来，东北经济得到一定发展，但伴随我国经济进入新常态，东北经济下行压力愈发沉重。国家进入高质量发展阶段，需要转变经济发展方式，实现高质量的产业结构、供给体系、市场结构和创新驱动。国家区域协调发展战略、制造业转型升级以及“一带一路”倡议的实施，为东北经济振兴带来诸多机遇，但僵化的体制机制、新旧动能转换困难、城市群带动作用有限，在一定程度上阻碍了东北地区的高质量发展。对东北地区现阶段高质量发展水平进行全面客观的评价，是解决东北问题的前提，也为东北地区高质量发展提供参考。

东北振兴过程中存在诸多问题都是东北振兴道路上的“拦路虎”，更是东北经济高质量发展的障碍。但不可否认，近年来，东北地区在第三产业的发展、城乡一体化进程等方面取得了阶段性的成果，因此，客观评价现阶段东北地区高质量发展水平是先行之策。长期以来，许多学者针对经济增长质量的评价与测度进行了深入研究，2018年以来，针对经济高质量发展的评价与测度也出现了诸多成果，但关于东北地区经济高质量发展的研究与测度寥寥无几。对东北地区经济高质量发展进行分析首先需要构建相关的指标评价体系，本书在充分借鉴已有研究的基础上，结合东北地区具体情况，构建东北地区经济高质量发展指标评价体系，并对东北三省以及各省辖市经济高质量发展水平进行测度与分析，既具有理论意义，亦具有现实意义。

第一节 高质量发展的基本内涵与指标测度

一、高质量发展：基于新发展理念的阐释

习近平总书记在党的十九大报告中指出，我国经济已由高速增长阶段转向高质量发展阶段。所谓高质量发展，就是能够更好满足人民日益增长的美好生活需要的发展，是要将人民对美好生活的期盼变成现实的发展。相对于高速度增长而言，当前不平衡不充分发展的实质就是发展质量不高。新时代破解发展难题，必须用新的发展理念引领发展方向。高质量发展就是创新、协调、绿色、开放、共享的发展理念战略引领下的发展。

创新发展理念主要解决发展的动力问题。总体而言，我国创新能力比较薄弱，科技发展水平虽有进步但还是处于追赶发达国家的进程之中，并且科技创新应用能力较弱，对经济增长的贡献率较低，远不能和发达国家相比。正如习近平总书记所说，这是我国经济的“阿喀琉斯之踵”。面对愈发激烈的国际竞争以及新一轮的科技革命，一国科技创新能力的强弱将直接影响其在国际竞争中的地位和综合国力。目前我国经济发展步入新常态，原有的拉动经济增长的动力已显露疲态，因此必须将创新作为引领发展的第一动力，把创新摆在引领国家发展全局的核心位置，不断推进理论创新、制度创新、科技创新、文化创新等各方面的创新。

协调发展理念主要解决发展不平衡的问题。我国经济发展的不平衡是一个长期存在的问题，例如区域经济发展的不平衡、城乡发展的不平衡、物质文明和精神文明发展的不平衡等。我国过去几十年的发展主要注重的是经济增长的速度，但现在更重要的是发展的整体性。我国现阶段主要矛盾已经变为人民日益增长的美好生活需要和不平衡不充分的发展之间的矛盾，解决发展的不平衡性已经被放在了经济发展的突出位置。因此必须正确处理发展中的协调问题，注重整体发展。

绿色发展理念主要解决人与自然的和谐问题。在我国的经济发展过

程中，过去的几十年，高投入、高消耗、高污染是常态，经济发展过程中产生的环境污染等问题变得日益突出。绿色循环低碳发展是当今产业革命的方向，与此相关的绿色能源、绿色产业等也将成为特别有发展前景的领域。现阶段我国资源短缺、环境污染等问题依旧严峻，人民群众对于清新空气、优质水源、安全食品的要求越来越强烈。绿色发展是以效率、和谐、持续为目标的经济增长和社会发展方式，不能简单地等同于循环经济、绿色经济、低碳经济和清洁生产等概念的加总，要将环境资源作为社会经济发展的内在要素，要把经济活动过程中的“绿色化”“生态化”作为绿色发展的主要内容和途径。

开放发展理念主要解决内外联动问题。改革开放是中国的基本国策，也是今后推动中国发展的根本动力。在全球化程度日益加深的局面下，国际经济合作也在发生深刻变化，全球经济治理体系和规则也面临重大调整。因此，开放程度与广度是过去所不能比的，由此产生的外部经济风险以及维护国家经济安全的压力也比过去大得多。以开放促改革促发展，是我国改革发展的成功实践，改革和开放相辅相成、相互促进，要更加提高对外开放的质量，奉行互利共赢的开放战略，争取国际经济话语权，以扩大开放推动改革、促进发展。

共享发展理念主要解决社会公平正义问题。“人民群众是历史的创造者”是历史唯物主义的基本原理，也是历史唯物主义人民观的集中体现。让广大人民群众共享改革发展成果，是社会主义的本质要求，是社会主义制度优越性的集中体现，也是我们党坚持全心全意为人民服务根本宗旨的重要体现。只有解决好社会公平正义问题，人民自发推动发展的积极性和创造性才能充分调动起来，才能给国家发展提供持久的动力。共享发展，就是要使全体社会成员在经济社会发展中有更多获得感，从而增强发展动力，增进人民团结，并朝着共同富裕的方向稳步前进。习近平总书记在党的十八届五中全会精神专题研讨班上阐释了共享发展理念的重要内涵，分别是全民共享、全面共享、共建共享、渐进共享。我国经济发展到现在，总量规模已经跃居世界第二位，但收入差距等分配问题日益成为焦点。在共享改革发展成果方面，实际情况以及相关制度都有不完善的地方。因此，必须坚持发展为了人民、发展依靠人民、发展成果由人民共享的理念，完善制度安排，逐步实现共同富裕。

二、东北地区经济高质量发展综合评价指标体系构建

（一）指标体系构建

高质量发展作为一个综合性概念，其内涵非常丰富。本书构建的东北地区经济高质量发展综合评价指标体系，是对东北地区三个省份及其主要城市经济高质量发展主要内容的反映。在综合梳理与归纳相关文献的基础上，借鉴詹新宇和崔培培（2016）、魏敏和李书昊（2018）、夏春玉（2018）等学者的研究成果，基于新发展理念的视角，分别从创新发展、协调发展、绿色发展、开放发展、共享发展五个角度构建了东北地区经济高质量发展综合评价指标体系。

（1）创新发展质量。创新是经济社会发展的根本动力，其中，理论创新是先导，制度创新是保障，科技创新是基础。当前新一轮科技和产业革命正呈现出强大的生命力和创造力，突飞猛进的新科技正改变着经济生产形态和市场格局，也逐步改变着人们的价值理念与日常生活。创新是驱动东北地区经济高质量发展的根本动力，本书主要从创新投入、创新产出以及创新机制三个维度来评价。其中：①创新投入包括资金与人员的投入，因此选取的指标是研发经费内部支出占地区生产总值的比重、研发人员数量与城镇就业人数的比值，由于部分城市数据缺失，缺失数据采用工业研发经费内部支出或研发人员数量取代。②创新产出采用含金量最高的发明专利来衡量，选取的指标是发明专利授权数与人口数的比值。③创新机制包括人才激励、政策支持等方面，选取的指标是科学研究、技术服务业就业人员数与总城镇就业人数的比值以及地方公共财政支出中科学技术支出的比例。

（2）协调发展质量。要达到协调发展的高质量就要解决发展不平衡的问题，重点是促进城乡协调发展、促进经济社会协调发展、促进产业结构协调发展等。其中：①产业结构的优化是协调高质量发展首要解决的问题。东北地区重工业占比很高，东北振兴更需要产业结构的调整，为第三产业的发展营造良好的环境。产业结构均衡程度选取的指标是第三产业增加值占地区生产总值的比重。②协调高质量发展同样需要城乡

一体化来助力，打破城乡二元结构，把发展块状经济与推进城市化结合起来。城乡结构均衡程度选取的指标是城乡居民收入差距系数。③区域协调发展是统筹发展的重要内容，区域协调发展主要体现为收入均衡，因此，收入均衡程度选取的指标是相对人均地区生产总值。相应计算公式是：

城乡居民收入差距系数 $S=1-S_1/S_2$

其中，S_1为农村居民人均可支配收入（2013年及之前是农村居民人均纯收入），S_2为城镇居民人均可支配收入。

相对人均地区生产总值=各省人均地区生产总值/全国人均GDP

（或：相对人均地区生产总值=各市人均地区生产总值/全省人均地区生产总值）

（3）绿色发展质量。生态环境的和谐程度体现了经济增长的持续能力，绿色发展是生态文明建设的必然要求，重点在于节约资源和保护环境。新时代社会的主要矛盾已经转化为人民日益增长的美好生活需要和不平衡不充分的发展之间的矛盾。“美好生活”包括高质量的产品和服务，也包括优质的生态产品。中国的生态环境问题呈现总量增长、结构依赖、治理复杂的特征。东北地区生态环境存在原生态森林过度损坏、土地退化、城市污染导致的酸雨频率高等问题，新时代的东北振兴，应大力推行绿色制造，强化节能减排降碳，构建循环链接的产业和产品体系，摒弃粗放的传统发展模式，形成高质量发展格局。本书主要从资源利用、环境污染状况及环境治理三个方面来评价。其中：①资源利用重点反映在能源、水资源、建设用地的利用效率上，目的是引导地区提高资源使用效益，减少排放，选取的指标是用电量与GDP比值。②环境污染状况由三废的排放来衡量，减少三废排放是环境治理的直接目标，选取三个指标，分别是废水排放量与GDP比值、二氧化硫排放量与GDP比值、氮氧化物排放量与GDP比值。③环境治理反映的是三废的减排以及绿色经济、循环经济的普及，前面已选取三废相关指标，因此这里选取的指标为一般工业固体废物综合利用率。

（4）开放发展质量。新常态下中国经济增长是外向型、开放型的，要不断提升我国的对外开放程度，让国内、国际两个市场充分接轨。习近平总书记强调，要主动参与和推动全球化进程，发展更高层次的开放型经济，推动形成全面开放新格局。东北地区的对外经济发展程度落后于东部发达地区，对外贸易和引进外资都不尽如人意，并且东北三省的对外经济开放程度也颇不均衡。本书主要从对外贸易状况和外商投资状况两个方面来评价。其中：①对外贸易状况最直接的反映就是进出口贸易额的总量，因此选取的指标是进出口总额与GDP比值。②外商投资状况衡量外资流入的发展程度，选取的指标是实际利用外商投资额与GDP比值。

（5）共享发展质量。坚持共享发展是社会主义制度优越性的体现。共享发展理念就是要推动全民共享、全面共享、共建共享、渐进共享。共享发展最主要的是解决人民群众最关心的问题，比如就业、医疗、教育、公共服务、收入等，东北地区的共享发展也是如此。本书从教育水平、收入状况、基础设施建设、医疗卫生水平、就业状况等方面来评价。其中：①教育水平选取的指标是普通初中生师比；②收入状况选取的指标是城乡居民人均可支配收入增速；③基础设施建设选取的指标是人均公共图书馆藏量、人均公共交通车辆数、人均公园绿地面积；④医疗卫生水平选取的指标是人均医疗卫生机构床位数；⑤就业状况选取的指标是城镇登记失业率；⑥制度保障选取的指标是民生财政支出（包括一般公共服务支出、公共安全支出、教育支出、社保支出、医疗卫生支出）占政府财政支出比重。

东北地区经济高质量发展指标评价体系汇总见表1-1。

（二）数据来源、预处理及测度方法

根据表1-1设计的东北地区经济高质量发展综合指标评价模型，本书选取了黑龙江省、吉林省、辽宁省以及各省地级市2012—2017年相关数据进行测度分析。各指标数据来源于2013—2018年《中国统计年鉴》、《黑龙江统计年鉴》、《吉林统计年鉴》、《辽宁统计年鉴》、各地级市2012—2017年《国民经济和社会发展统计公报》、部分地级市政府网站或统计局网站等。同时，选取相关指标的全国平均水平作为对比，数据来源于2013—2018年《国家统计年鉴》。

根据表1-1中24个指标的内涵，这些指标存在正负向的差别，并且也存在数量级以及量纲的差别，所以在进行指标的计算与合成之前，先要对原始数据进行标准化处理。本书数据的标准化参考了夏春玉

(2018)的做法，即以2012年为基期，计算基期年份相关指标的平均值，对于正向指标，用其他年份的指标比上这一平均值，逆向指标则是这一平均值比上具体年份指标值，最终形成相关标准化数据。

表1-1　　东北地区经济高质量发展指标评价体系

项目	维度	指标	指标属性	权重
创新	创新投入	研发经费内部支出占地区生产总值比重	正向	1/30
		研发人员数量与城镇就业人数比值	正向	1/30
	创新产出	人均发明专利授权量	正向	1/15
	创新机制	公共财政支出中科技支出比例	正向	1/30
		科学研究和技术服务业就业人数占城镇就业人数比重	正向	1/30
协调	产业结构	第三产业增加值占地区生产总值比重	正向	1/15
	城乡结构	城乡居民收入差距系数	逆向	1/15
	收入均衡	相对人均地区生产总值	正向	1/15
绿色	资源利用	单位地区生产总值电量消耗	逆向	1/15
	环境污染状况	单位地区生产总值废水排放量	逆向	1/30
		单位地区生产总值二氧化硫排放量	逆向	1/60
		单位地区生产总值氮氧化物排放量	逆向	1/60
	环境治理	一般工业固体废物综合利用率	正向	1/15
开放	对外贸易状况	进出口总额占地区生产总值比重	正向	1/10
	外商投资状况	实际利用外商投资额占地区生产总值比重	正向	1/10
共享	教育水平	普通初中生师比	逆向	1/30
	收入状况	城市居民人均可支配收入增速	正向	1/60
		农村居民人均可支配收入增速	正向	1/60
	基础设施建设	人均公共图书馆藏量	正向	1/90
		人均公共交通车辆数	正向	1/90
		人均公园绿地面积	正向	1/90
	医疗卫生状况	人均医疗卫生机构床位数	正向	1/30
	就业状况	城镇登记失业率	逆向	1/30
	制度保障	公共财政支出中民生财政支出比例	正向	1/30

资料来源：根据有关资料整理。

根据数据可获得性，本书有24项指标，6个年份，对于省级的比较，有4个评价对象，省辖城市的比较分别有14（辽宁省）、8（吉林省）、12（黑龙江省）个评价对象，设原始数据为α_{itj}（i=1，2，3，4或

1，2，3，…，14或1，2，3，…，8或1，2，3，…，12；t=2012，2013，…，2017；j=1，2，3，…，24）

$$X_{ij}=\frac{1}{n}\sum\alpha_{itj}\text{（n=14，8，12；j=1，2，3，…，24）}$$

$$A_{itj}=\frac{\alpha_{itj}}{X_{ij}}\text{（正向）或}A_{itj}=\frac{X_{ij}}{\alpha_{itj}}\text{（负向）}$$

应用这种方法，不仅可以看出每个指标不同城市或者不同省份之间的差距，也可以看出单一城市或省份某一指标的逐年走势。

本书通过构建东北地区经济高质量发展综合评价指标体系，对2012—2017年东北三省及各省地级市经济高质量发展水平进行测度和比较分析。根据已有文献，对综合评价指标体系进行合成的方法有很多，例如主成分分析法、熵值法等。本书借鉴夏春玉（2018）、师博和任保平（2018）的方法，采用均等权重法分配权重，即将经济高质量发展的创新、协调、绿色、开放、共享五个项目均等赋权，每项权重均为1/5；在每个项目的不同维度以及具体指标中，也采用均等赋权的方法。考虑到权重的准确性，表1-1中的权重采取了分数的形式，各项权重相加结果等于1。

第二节 东北三省经济高质量发展的整体评价

一、东北三省基本情况

辽宁省辖14个地级市，其中沈阳、大连为副省级城市。辽宁南濒黄海和渤海，东北与吉林省为邻，东南以鸭绿江为界与朝鲜隔江相望，海岸线全长2 292.4千米，居全国第四位。辽宁是我国重要的老工业基地之一，其工业行业包含门类比较完备。其中，装备制造业和原材料工业是辽宁省的优势产业，在全国居于领先地位，除此之外，金属机床等重大装备类产业以及钢铁、石油化工工业等也是全国重要的产业基地。辽宁的对外开放时间早，贸易遍及全球217个国家和地区，其中大连港是北方地区乃至全国条件最好的港口之一，依托环渤海的地理位置，辽宁省形成了包括大连、营口、丹东、锦州等城市在内的港口群。

吉林省辖8个地级市，其中长春为副省级城市。吉林省具有沿边近海优势，是国家“一带一路”向北开放的重要窗口。吉林省在地理位置上跟日本、俄罗斯相距较近，因此是中国对外开放的重要窗口。与辽宁省不同，吉林省的优势产业主要有加工制造业、汽车制造业、医药制造业等产业，特别是汽车、高铁制造业在全国占据重要位置，例如一汽集团是年产量超过200万辆的国有大型汽车企业。

黑龙江省辖12个地级市，其中哈尔滨为副省级城市。黑龙江省位于东北亚腹地，与俄罗斯隔江相望，是中国与俄罗斯互通及开放的重要窗口。黑龙江省主要有装备、石化、能源、食品四大支柱产业，同时也是国家重要的能源工业基地，是主煤炭调出省之一。其东部地区为优质煤炭产区，有鸡西、鹤岗、双鸭山及七台河四大煤矿产区，是中国煤油焦煤的重要产区，另外还有中国最大的油田——大庆油田。

二、东北三省经济高质量发展水平测度结果

东北三省经济高质量发展水平的测度结果如表1-2和图1-1所示，为了更好地说明该结果，本书加入了各项指标的全国平均数据作为对比。可以看出，2015年以前，辽宁省经济高质量发展的水平要显著高于吉林省与黑龙江省，也高于全国平均水平，但东北三省整体的发展水平增长缓慢，辽宁省由于近年的负增长，逐步丢失了领先地位。现阶段，东北三省经济高质量发展水平较低，并且增速缓慢，在全国平均的经济高质量发展水平稳健提升的大环境下，东北三省的经济高质量发展水平需要提速，水平亟待提升。

表1-2　　经济高质量发展水平测度结果

区域	2012	2013	2014	2015	2016	2017
全国	1.07	1.07	1.08	1.15	1.22	1.27
辽宁	1.14	1.14	1.11	0.97	0.98	1.05
吉林	0.92	0.95	0.95	0.96	1.05	1.07
黑龙江	0.89	0.90	0.91	0.90	0.92	0.94

资料来源：根据《中国统计年鉴》（2012—2017年）整理。

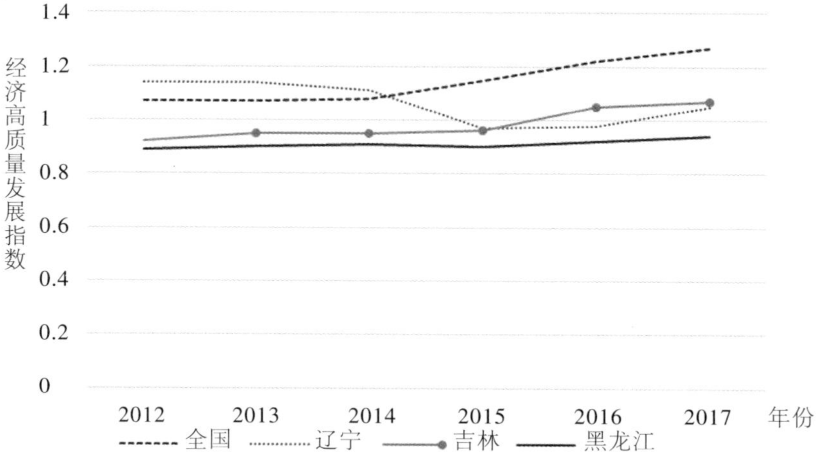

图 1-1 经济高质量发展水平变化

资料来源：根据表 1-2 绘制。

三、基于新发展理念五个视角的结果分析

（一）创新发展质量

东北三省及全国平均创新发展质量水平的结果如表 1-3 和图 1-2 所示。从中可以看出，东北三省的创新发展质量水平均低于全国平均水平，且与全国平均水平相比，增长趋势并不明显。其中，吉林省与黑龙江省的创新发展质量水平相当，均存在水平较低且增长缓慢的问题，并且均低于辽宁省创新发展质量水平，辽宁省的创新发展质量水平虽然在东北三省中处于领先地位，但其缓慢的增长趋势与低于全国平均水平的现状仍然不容乐观。

表 1-3 **创新发展质量水平**

区域	2012	2013	2014	2015	2016	2017
全国	1.48	1.44	1.52	1.87	2.02	2.09
辽宁	1.04	1.03	1.03	1.13	1.18	1.28
吉林	0.72	0.70	0.69	0.80	0.81	0.91
黑龙江	0.76	0.74	0.77	0.89	0.92	0.95

资料来源：根据《中国统计年鉴》（2012—2017 年）整理。

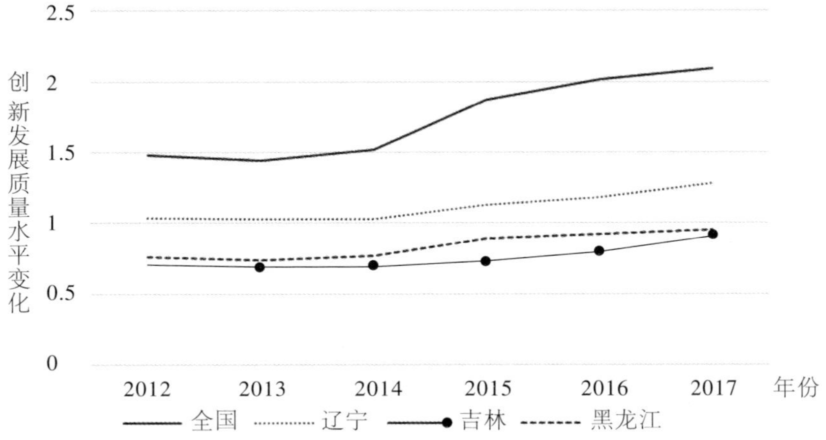

图1-2 创新发展质量水平变化

资料来源：根据表1-3绘制。

从创新发展质量水平的具体指标均值化后的数据可以看出（见表1-4），吉林省与黑龙江省在研发经费的投入以及财政科技支出水平上的不足是其创新发展水平低于辽宁省与全国平均水平的主要因素。辽宁省在研发经费投入以及财政科技支出方面能够给创新发展水平的提高提供足够的支持，但研发人员的不足是其创新发展水平进一步提高的瓶颈。这说明创新与研发资金的投入不足以及研发人员的缺失是制约东北三省创新发展水平进一步提高的巨大障碍。在东北地区经济不景气的情况下，资金的缺位在很大程度上会影响人才的引进，人才的缺失对创新水平的提升有很大影响。

（二）协调发展质量

东北三省及全国平均协调发展质量水平如表1-5和图1-3所示。从中可以看出，2015年之前，辽宁省的协调发展质量水平显著高于吉林省和黑龙江省，也显著高于同期的全国平均水平，但在2015年之后有“断崖式下跌”，已经基本与吉林省和黑龙江省趋同。吉林省与黑龙江省的协调发展质量水平与全国同期的增长趋势基本相同，但增速较缓且水平较低。可以看出，东北三省在协调发展方面已经落后于全国平均水平，且差距有进一步增加的趋势。

表 1-4 **创新发展质量水平具体指标**

维度	指标	区域	2012	2013	2014	2015	2016	2017
创新投入	研发经费内部支出占GDP比重	全国	1.43	1.44	1.46	1.49	1.52	1.54
		辽宁	1.13	1.18	1.10	0.92	1.22	1.32
		吉林	0.66	0.66	0.69	0.73	0.68	0.71
		黑龙江	0.77	0.82	0.77	0.76	0.71	0.75
	研发人数与城镇就业人数比值	全国	1.84	1.69	1.76	1.80	1.88	1.98
		辽宁	0.75	0.74	0.82	0.69	0.76	0.82
		吉林	0.74	0.61	0.63	0.62	0.63	0.59
		黑龙江	0.67	0.69	0.72	0.63	0.66	0.50
创新产出	人均发明专利数	全国	1.73	1.64	1.84	2.81	3.15	3.25
		辽宁	0.97	0.94	0.97	1.61	1.66	1.90
		吉林	0.62	0.59	0.56	0.88	0.96	1.21
		黑龙江	0.68	0.63	0.69	1.14	1.23	1.41
创新机制	科技人员占比	全国	0.87	0.86	0.89	0.91	0.94	0.95
		辽宁	1.06	0.98	1.02	1.03	0.99	0.99
		吉林	1.06	0.95	0.94	0.93	0.95	0.96
		黑龙江	1.01	0.95	1.02	1.03	1.05	1.02
	公共财政支出中科技支出占比	全国	1.28	1.39	1.37	1.38	1.49	1.57
		辽宁	1.36	1.41	1.31	0.95	0.83	0.73
		吉林	0.62	0.84	0.77	0.79	0.70	0.77
		黑龙江	0.73	0.71	0.72	0.66	0.65	0.62

资料来源：根据《中国统计年鉴》（2012—2017年）整理。

表 1-5 **协调发展质量指数**

区域	2012	2013	2014	2015	2016	2017
全国	0.97	0.99	1.00	1.05	1.09	1.10
辽宁	1.08	1.09	1.07	1.09	1.03	1.03
吉林	0.97	0.97	0.98	0.98	1.01	1.02
黑龙江	0.99	0.99	0.99	1.02	1.04	1.04

资料来源：根据《中国统计年鉴》（2012—2017年）整理。

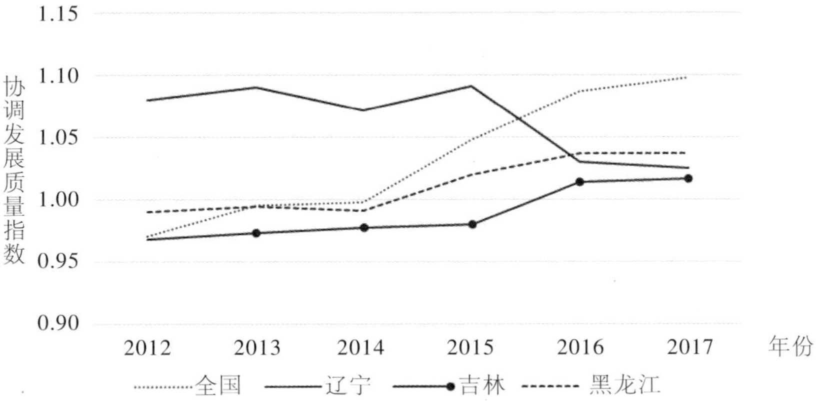

图1-3　协调发展质量指数变化

资料来源：根据表1-5绘制。

从协调发展质量指数的具体指标（见表1-6）可以看出，相对人均地区生产总值水平走低是影响东北三省协调发展质量水平不高的主要原因。相对人均地区生产总值水平低意味着人均地区生产总值要比全国同期水平低，这与东北地区近年来经济不景气有很大关系，这也从侧面反映出东北振兴任务的艰巨性。产业结构方面，东北三省第三产业增加值占比近年来增长较快，这对于一直以来以重工业为主要经济增长点的东北地区来说是个利好，说明近年来东北地区在发展第三产业、为民营企业营造良好的发展环境等方面成效显著，但该指标东北三省尚落后于全国平均水平，产业结构调整的任务依然艰巨。此外，辽宁省和黑龙江省的城乡结构数据逐渐走低，需要进一步加强城乡一体化建设。

（三）绿色发展质量

东北三省及全国平均绿色发展质量水平如表1-7和图1-4所示。从中可以看出，辽宁省和黑龙江省绿色发展质量水平与全国平均水平相差不大，吉林省的绿色发展质量水平要显著高于全国平均水平，这与传统印象中发展重工业就会造成环境污染的情况大相径庭，说明东北三省在发展重工业的同时很好地兼顾了环境保护的问题。但不可忽视的是，近年来东北三省的绿色发展质量指数并没有显著提高，更多在原地徘徊，在全国平均绿色发展质量指数不断增长的情况下，东北三省要更加注重

表1-6 **协调发展质量指数具体指标**

维度	指标	区域	2012	2013	2014	2015	2016	2017
产业结构	第三产业增加值占地区生产总值比重	全国	1.14	1.19	1.20	1.34	1.45	1.49
		辽宁	0.96	0.98	1.06	1.17	1.30	1.33
		吉林	0.88	0.90	0.91	0.98	1.08	1.16
		黑龙江	1.02	1.05	1.16	1.28	1.37	1.41
城乡结构	城乡居民收入差距系数	全国	0.90	0.91	0.91	0.93	0.93	0.93
		辽宁	0.98	0.99	0.94	0.96	0.96	0.96
		吉林	1.03	1.03	1.08	1.06	1.08	1.08
		黑龙江	1.13	1.15	1.08	1.08	1.08	1.08
收入差距	相对人均GDP	全国	0.88	0.88	0.88	0.88	0.88	0.88
		辽宁	1.30	1.30	1.21	1.14	0.83	0.79
		吉林	1.00	0.99	0.93	0.89	0.88	0.81
		黑龙江	0.82	0.79	0.73	0.69	0.66	0.62

资料来源：根据《中国统计年鉴》（2012—2017年）整理。

绿色发展，将环境保护作为实现可持续发展的重要支柱，让良好的生态环境成为经济社会持续健康发展的支撑点。

表1-7 **绿色发展质量指数**

区域	2012	2013	2014	2015	2016	2017
全国	0.89	0.94	0.97	1.07	1.24	1.38
辽宁	0.91	0.98	0.96	0.95	0.95	1.01
吉林	1.18	1.33	1.31	1.26	1.56	1.50
黑龙江	1.11	1.13	1.14	1.11	1.16	1.19

资料来源：根据《中国统计年鉴》（2012—2017年）整理。

从绿色发展质量指数的具体指标标准化后的数据（见表1-8）可以看出，吉林省与黑龙江省在充分利用资源层面比较突出，单位地区生产总值电量消耗的控制要显著高于辽宁省与全国平均水平，这说明辽宁省

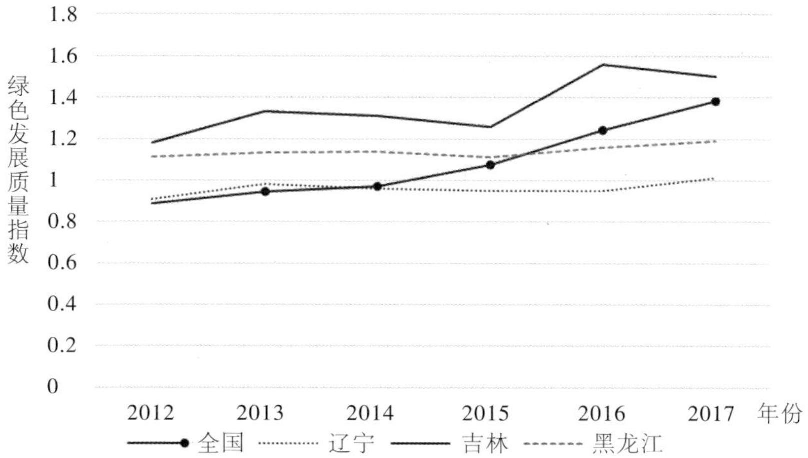

图 1-4　绿色发展质量指数变化

资料来源：根据表1-7绘制。

高耗能高污染行业的投资比重仍然较大。东北三省在废水废气的排放等方面，基本与全国步调一致，这说明东北三省废水废气的减排工作完成得较好，但在一定程度上也说明了近年来东北三省生产性活动的减少。在环境治理方面，辽宁省的环境治理水平一直远低于全国平均水平，而吉林省和黑龙江省近年来环境治理水平逐年走低，也已经低于全国平均水平，说明东北三省在环境治理方面还有很大的提升空间，需要引起更高的重视。

（四）开放发展质量

东北三省及全国平均开放发展质量水平如表1-9和图1-5所示。可以看出，辽宁省在2014年之后开放发展质量指数有明显的下跌，但与全国平均水平相差不大，吉林省近年来开放发展质量水平缓慢提升，已经逐步超过全国平均水平，而黑龙江省的开放发展质量一直处于较低水平。本书构建的开放发展质量指数是以进出口与实际利用外资情况为依据的，我国大部分省份地处内陆，相比沿海地区，在港口数量与质量方面存在天然劣势。吉林省与黑龙江省地处内陆，并没有辽宁省那样的临海条件，也没有类似于大连这样的国际性航运港口，其开放发展质量指数低是正常现象。与此相比，辽宁省并没有利用好其得天独厚的地理位置优势，在开放发展质量方面仍然有很大的提升空间。

表 1-8　　绿色发展质量指数具体指标

维度	指标	区域	2012	2013	2014	2015	2016	2017
资源利用	单位GDP电耗	全国	0.73	0.73	0.73	0.91	0.91	0.91
		辽宁	0.95	0.98	1.02	1.05	0.79	0.80
		吉林	1.36	1.45	1.50	1.57	1.61	1.54
		黑龙江	1.20	1.24	1.27	1.26	1.24	1.24
环境污染	单位GDP废水排放量	全国	0.87	0.95	0.99	1.03	1.15	1.31
		辽宁	1.15	1.28	1.20	1.22	1.08	1.09
		吉林	1.10	1.22	1.25	1.22	1.68	1.36
		黑龙江	0.93	1.04	1.11	1.12	1.23	1.27
	单位GDP二氧化硫排放量	全国	0.98	1.12	1.25	1.42	2.58	3.62
		辽宁	0.90	1.01	1.10	1.13	1.68	2.30
		吉林	1.13	1.31	1.42	1.48	3.01	3.45
		黑龙江	1.02	1.13	1.22	1.26	1.74	2.07
	单位GDP氮氧化物排放量	全国	1.10	1.27	1.47	1.77	2.54	3.12
		辽宁	1.14	1.35	1.51	1.65	1.72	1.84
		吉林	0.99	1.11	1.20	1.33	2.34	2.78
		黑龙江	0.83	0.91	0.98	1.11	1.36	1.85
环境治理	一般工业固体废物综合利用率	全国	1.00	1.02	1.02	0.99	0.97	0.89
		辽宁	0.71	0.71	0.61	0.50	0.67	0.67
		吉林	1.10	1.31	1.14	0.90	0.91	0.73
		黑龙江	1.20	1.10	1.05	0.93	0.84	0.73

资料来源：根据《中国统计年鉴》（2012—2017年）整理。

表 1-9　　开放发展质量指数

区域	2012	2013	2014	2015	2016	2017
全国	1.09	1.04	0.98	0.88	0.82	0.83
辽宁	1.58	1.54	1.39	0.58	0.64	0.81
吉林	0.71	0.75	0.74	0.72	0.84	0.94
黑龙江	0.63	0.64	0.64	0.53	0.53	0.54

资料来源：根据《中国统计年鉴》（2012—2017年）整理。

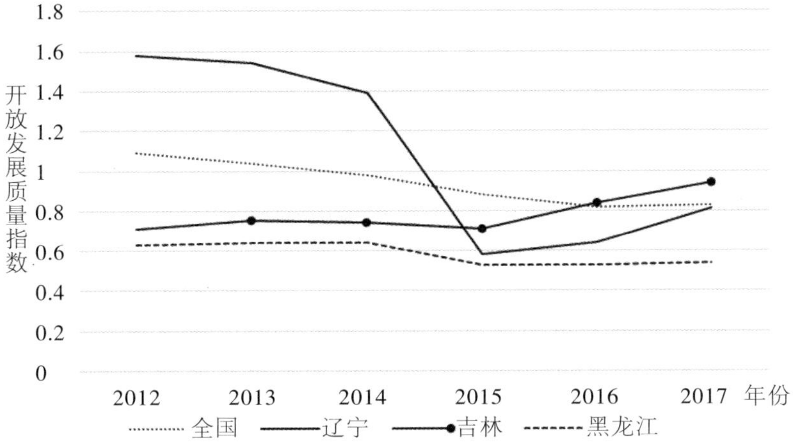

图1-5 开放发展质量指数变化

资料来源：根据表1-9绘制。

开放发展质量指数的具体指标（见表1-10）对于上述问题的反映更加明显。辽宁省对外贸易发展状况一直低于全国平均水平，而在2017年进出口总额占地区生产总值比值有所回升可以看作利好消息，相比之下，吉林省和黑龙江省对外贸易状况的水平一直较低，且处于不断走低的状态，在开放发展方面仍有很长的路要走。在利用外资方面，吉林省与黑龙江省要高于全国平均水平，说明这两个省份在努力营造外商投资环境，提高外资的利用质量，弥补地理位置的天然劣势。而辽宁省在利用外资方面下跌巨大，这种下跌是极为不正常的，这一方面应该与辽宁省统计数据挤水分有关，另一方面也客观说明辽宁省经济下行压力大，在引进外资方面阻力很大。

（五）共享发展质量

东北三省及全国平均共享发展质量水平如表1-11和图1-6所示。从整体上看，东北三省共享发展质量指数相差不大，且均略高于全国平均水平，说明东北三省在共享发展方面稳步前进，其中辽宁省的共享发展指数最高，基本做到了“发展成果由人民共享”。不足之处是，东北三省近些年的共享发展质量指数并没有显著提升，相比之下，全国平均共享发展质量在2016年后有明显的跃升，说明东北三省需要进一步在教育、医疗、基础设施建设等方面补足短板，还有较大提升空间。

表 1-10 **开放发展质量指数具体指标**

维度	指标	区域	2012	2013	2014	2015	2016	2017
对外贸易状况	进出口总额占GDP比重	全国	1.77	1.70	1.61	1.40	1.28	1.32
		辽宁	1.04	1.02	0.96	0.82	1.01	1.13
		吉林	0.51	0.48	0.46	0.33	0.32	0.33
		黑龙江	0.68	0.65	0.62	0.34	0.28	0.32
外商投资状况	实际利用外商投资额占GDP比重	全国	0.41	0.38	0.35	0.35	0.35	0.33
		辽宁	2.11	2.06	1.83	0.35	0.28	0.48
		吉林	0.90	1.01	1.02	1.12	1.36	1.54
		黑龙江	0.57	0.62	0.65	0.71	0.79	0.77

资料来源：根据《中国统计年鉴》（2012—2017年）整理。

表 1-11 **共享发展质量指数**

区域	2012	2013	2014	2015	2016	2017
全国	0.91	0.93	0.91	0.90	0.93	0.96
辽宁	1.08	1.08	1.08	1.09	1.09	1.10
吉林	1.05	1.01	1.05	1.01	1.03	1.00
黑龙江	0.97	1.02	0.99	0.96	0.97	0.97

资料来源：根据《中国统计年鉴》（2012—2017年）整理。

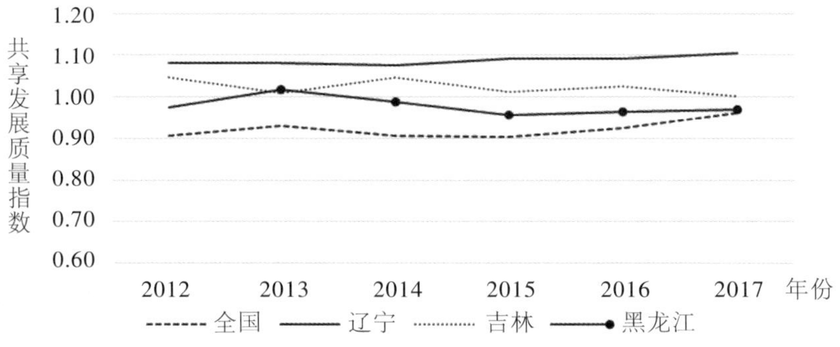

图 1-6 共享发展质量指数变化

资料来源：根据表 1-11 绘制。

从共享发展质量指数的具体指标（见表1-12）来看，在教育方面，东北三省普通初中生师比指标要显著高于全国平均水平，说明东北三省有更低的普通初中生师比，在教育方面的发展质量较高，这也为东北振兴提供了人才支持与后备力量。但与前文所分析的创新发展质量相对比，东北地区研发人才的缺失是导致其创新发展质量不高的关键，因此，如何吸引各类人才反哺东北，避免人才流失，是东北三省面临的关键问题之一。在城乡居民收入方面，城乡居民人均可支配收入增速均有一定程度的放缓，这与全国的平均水平基本一致。一方面，这与新常态下我国整体经济增速放缓有关；另一方面也说明东北地区整体经济发展势头疲软。在基础设施建设方面，辽宁省与吉林省的基础设施建设要明显优于黑龙江省，这与黑龙江省人口基数较大有一定关系。在医疗卫生方面，东北三省的医疗卫生水平要优于全国平均水平。在就业方面，东北三省的城镇登记失业率基本维持在正常的水平，与全国平均水平相比相差不大。在制度保障方面，东北三省的民生财政支出占比要显著高于全国平均水平，说明东北三省政府在推进民生保障建设、促进全民共享经济发展成果方面做出了很大努力，政府财政支出的很大一部分投入到了与共享发展相关的领域，这也为东北三省共享发展质量的进一步提升提供了制度上的保障。

表1-12　**共享发展质量指数具体指标**

维度	指标	区域	2012	2013	2014	2015	2016	2017
教育	普通初中生师比	全国	0.87	0.93	0.94	0.95	0.95	0.94
		辽宁	1.05	1.11	1.11	1.15	1.20	1.22
		吉林	1.14	1.22	1.27	1.28	1.27	1.24
		黑龙江	0.98	1.23	1.23	1.23	1.18	1.17
收入	城市居民人均可支配收入增速	全国	0.96	0.59	0.68	0.62	0.59	0.63
		辽宁	1.02	1.13	0.68	0.53	0.43	0.49
		吉林	1.03	0.42	0.67	0.55	0.50	0.51
		黑龙江	1.00	1.32	0.64	0.53	0.48	0.50
	农村居民人均可支配收入增速	全国	0.99	1.41	0.83	0.65	0.61	0.64
		辽宁	0.96	0.61	0.75	0.57	0.50	0.49
		吉林	1.07	1.01	0.75	0.37	0.52	0.50
		黑龙江	0.98	0.65	0.85	0.45	0.49	0.52

续表

维度	指标	区域	2012	2013	2014	2015	2016	2017
基础设施建设	人均公共图书馆藏量	全国	0.94	0.89	0.94	0.99	1.05	1.13
		辽宁	1.28	1.23	1.31	1.38	1.46	1.47
		吉林	1.00	0.94	0.97	1.04	1.10	1.18
		黑龙江	0.78	0.78	0.73	0.78	0.83	0.92
	人均公共交通车辆数（万人）	全国	0.81	0.86	0.89	0.93	0.99	1.07
		辽宁	1.22	1.24	1.27	1.30	1.34	1.38
		吉林	1.01	1.04	1.09	1.12	1.09	1.11
		黑龙江	0.96	1.04	1.05	1.09	1.14	1.19
	人均公园绿地面积（公顷）	全国	0.84	0.88	0.93	0.98	1.04	1.09
		辽宁	1.24	1.29	1.32	1.32	1.28	1.37
		吉林	1.00	1.06	1.11	1.17	1.23	1.07
		黑龙江	0.93	0.94	0.96	0.98	0.99	0.97
医疗卫生	人均医疗卫生机构床位数（万人）	全国	0.90	0.97	1.03	1.09	1.14	1.22
		辽宁	1.12	1.17	1.24	1.30	1.38	1.45
		吉林	0.99	1.03	1.09	1.12	1.18	1.21
		黑龙江	0.99	1.05	1.14	1.19	1.23	1.36
就业	城镇登记失业率	全国	0.95	0.95	0.95	0.95	0.98	1.00
		辽宁	1.08	1.15	1.15	1.15	1.03	1.03
		吉林	1.05	1.05	1.15	1.11	1.11	1.11
		黑龙江	0.93	0.89	0.87	0.87	0.93	0.93
制度保障	公共财政支出中民生财政支出比例	全国	0.88	0.86	0.85	0.83	0.86	0.88
		辽宁	1.00	0.93	0.95	1.07	1.12	1.02
		吉林	1.05	1.02	1.01	0.99	0.96	0.82
		黑龙江	1.07	1.04	1.04	1.01	0.98	0.82

资料来源：根据《中国统计年鉴》（2012—2017年）整理。

整体而言，现阶段东北三省经济高质量发展整体状况并不乐观，发展水平较低是客观事实，增长缓慢甚至停滞是更严重的问题。从新发展理念的创新、协调、绿色、开发、共享五个视角分别分析，创新发展质量低、协调发展质量下滑严重（特别是辽宁省）是主要原因，其中，创新投入不足、产业结构调整任务依旧艰巨等是更为直观的反映。此外，东北三省共享发展质量较高，说明东北各省在民生共享领域有突出的作为，这也为东北经济的崛起奠定了基础。

第二章　供给侧结构性改革视角下东北老工业基地振兴的政策评估

20世纪90年代，由于计划经济体制下积累的深层次的结构性和体制性矛盾充分显现，东北地区经济出现了危机。具体表现为经济增速放缓，产业结构升级困难，大批国有企业亏损停产、人才流失，这些都成为制约东北发展的关键性因素。为提升东北地区竞争力，恢复东北地区的影响力，党中央于2003年出台了振兴东北老工业基地政策，该政策是从国家层面出发，促进区域协调发展，推动东北地区经济发展和产业升级的重大战略，是国家区域发展战略的重要组成部分。在政策驱动作用下，2003—2013年东北经济得到迅速发展，被称为“黄金10年”，地区生产总值、固定资产投资和消费均保持较高水平的增长。然而，这种高速增长并没有得以持续，2013年东北经济开始出现“断崖式”下滑，曾经一片繁荣的东北三省现如今地区生产总值增长率在全国集体垫底，辽宁省从2014年全国地区生产总值排名第七，滑落至2015年的第10位，2016年降至第14位，并且成为当年全国唯一经济负增长的省份。究其根本，还是东北地区的经济结构障碍所致。无论是需求结构还是分配结构、所有制结构还是产业结构，以及人口结构都存在着不同程度的失衡。2015年，习近平总书记在长春召开部分省区党委主要负责同志座谈会时指出："振兴东北老工业基地已到了滚石上山、爬坡过坎的关键阶段。"中国经济正处于"三期叠加"的特定时期，东北经济由于自身结构障碍的约束很难释放发展活力。为推动东北经济走出困境，党中央于2016年又启动了新一轮振兴政策。

对于东北振兴政策的效果评价，学界已有较为广泛而深刻的研究。其中一部分学者认为，东北振兴的实施效应依赖于政策类型。东北振兴政策在地区经济增长、结构调整、社会保障方面取得了显著成效（金凤君，陈明星，2010），而在科技创新方面并未出现明显提高，制造业产业领域仍然依靠资本驱动的粗放式增长模式，全要素生产率对经济贡献率占比较低（刘雅君，2016）。也就是说，东北振兴的部分政策是有效的，而其余部分对东北地区经济发展的效应并不明显（何春，2017）。另一部分学者认为东北振兴的政策效应是分阶段的。从技术进步角度看，在东北振兴的第一阶段（2003—2007年），东北地区的全要素生产率不仅没有提高，反而出现了严重下降的局面（杨东亮，2011）。从经济增长角度看，2003—2008年是东北振兴政策的成效期，而在此之后，振兴政策未能给东北经济带来有效刺激（王娟，郑浩原，2017）。对于东北经济滑坡的现状，学界也进行了剖析。东北地区固定资产投资的严重下挫是造成东北经济失速的重要原因，这主要是东北的投资体制缺陷所造成的（杨东亮，2015）。由此可见，体制僵化是东北经济下行的根本症结，体制藩篱阻碍了经济结构优化，从而掣肘东北经济增长（褚敏，2017）。与此同时，国家进入新常态后外部效应的催化也不可忽视（陈耀，2017）。

东北振兴政策实施至今已近20年的时间，在这期间，党中央和地方陆续出台各种政策建议来促进东北经济发展。对东北振兴政策进行绩效评估能够有效推动东北在新一轮振兴中的崛起。虽然学界关于东北振兴政策绩效评估的研究成果颇丰，但也存在着诸多不足。首先，在研究方法上，学界大多采用数据统计和双重差分法。单纯的数据统计方法无法观测东北地区在未施行振兴政策情况下的经济运行情况，更无法对比看出政策施行给东北地区经济带来的影响。双重差分法虽然一定程度上避免了这些问题，但在控制组的选择上具有主观随意性，一定程度上会影响评估结果（王贤彬等，2010；张先锋等，2016；张琛等，2017）。其次，从研究内容看，大部分文献仅评估了政策实施效果，却并未为东北经济失速的原因提供经验证据，也并未揭示造成东北经济“断崖式”下滑的根本原因（褚敏等，2017）。最后，从研究视角看，学界主要从促进东北经济增长的外在诱因视角评价政策实施效果，鲜有文献从东北经济运行内在驱动力视角考察振兴政策的实施效应。因此本章在已有研究成果的基础上，结合东北地区实施振兴政策至今近20年的经济发展状况，运用合成控制法，从结构性视角入手对东北振兴政策实施效果进行评估，解释东北经济下滑的内在驱动力。这不仅能够使我们认清东北经济遭遇滑坡的客观因素，更对新一轮东北振兴政策的完善和东北经济的可持续发展机制的形成具有重要意义。

第一节　理论基础及文献综述

一、区域经济增长与政策的相关理论

（一）区域经济增长理论

经济增长是各个国家与地区都关心的问题，在经济学研究当中，经济增长一直是一个重要的课题。不同地区具有不同的资源禀赋，这就导致各地区的经济增长呈现出不同的特征，与此相对应，国家这只“看得见的手”需要通过出台区域政策对区域整体发展进行规划，推动地区经济的发展。本节正是立足于东北老工业基地振兴的宏观背景，从区域经济增长和政策的相关理论入手，找寻东北老工业基地振兴的理论依据。

区域经济增长理论主要分两种：

一种是区域经济均衡增长理论，它主要由新古典区域均衡增长理论和发展经济学的均衡增长理论组成，前者的主要成果是索罗-斯旺模型，该理论是在生产要素能够自由流动的假设下提出的，旨在强调市场机制能够实现区域经济的平衡发展。新古典经济学认为，区域差异的出

现是由均衡机制失灵所造成的，这来自市场的不完善及生产要素流动遭遇阻碍。在经济增长过程中，随着统一市场的形成和经济一体化趋势的出现，区域差异将自动消失，最终实现趋同。也就是说，不平衡增长是暂时的，平衡增长是长期的，政府无须为缩小地区经济差距而进行干预。显而易见，该理论忽视了政府对经济的作用，存在一定缺陷。发展经济学理论弥补了上述理论的不足，罗森斯坦·罗丹的“大推进理论”认为发展中国家要想摆脱贫困现状实现经济发展，就需要实现工业化，对各个工业部门进行全面大规模的投入，政府干预能够促进产业部门之间的均衡，取得规模经济效益。然而，发展中国家并没有在大规模发展过程中实现飞跃，仍然存在贫困、死亡率高等情况，纳尔逊针对发展中国家的以上现象提出“低水平均衡陷阱”，该理论围绕发展中国家人口增长率与人均国民收入水平两者的关系展开研究，若人口增长率快于人均收入增长率，则人们的收入水平即被拉回到初始状态，出现低水平均衡陷阱。莱宾斯坦的“临界最小努力”理论一定程度上为解决“低水平均衡陷阱”提出了方案，要打破发展中国家的恶性循环趋势就需要在经济发展初期进行大规模投资，使投资水平大到足以达到国民收入的增长超过人口增长，从而产生“临界最小努力”。

然而，现实中区域的经济增长并未按照均衡增长理论的路径发展，也并未达到均衡的发展趋势。因而，为解释现实经济问题便出现了第二种理论，即区域经济非均衡增长理论。该理论的产生源于为欠发达地区的经济增长提供一种理论依据。“增长极”概念首次由法国经济学家弗朗索斯·佩鲁提出，他将经济发展过程中在一定时期起支配作用的经济部门称为“增长极”，在他看来，经济增长应该出现在不同部门、地区和行业，按不同的速度不平衡地增长，该理论反对新自由主义的均衡概念，一定程度上打破了新古典均衡分析的传统。但“增长极”理论也存在一些问题，比如佩鲁忽视了“增长极”对欠发达地区的不利影响。缪尔达尔的“二元经济结构”理论一定程度上弥补了不足，它运用“循环积累因果”论来说明二元经济结构形成的原因，提出了为减缓二元结构的出现需要政府出台相关政策来弥补地区发展的不足，填补了由于地区之间累积性因果循环所造成的经济发展差距。随后，赫希曼的“核心-

边缘”理论、弗里德曼的“中心-外围”理论等都从不同角度分析了区域经济增长的不平衡性，他们认为，任何一个区域都可以看作是由一个或若干个核心区和边缘区域构成的，该理论强调了市场的作用更倾向于扩大地区之间的差异，而不是缩小地区差异。这就意味着，要缩小发达地区与欠发达地区的经济发展差距，需要政府发挥作用，制定区域政策来促进地区经济增长。

除了上述的均衡和非均衡增长理论之外，区域经济增长理论又出现了新的发展，诸如内生增长理论、新经济地理理论、区域收敛与发散理论等。内生增长理论是对传统经济增长理论的突破，它将技术进步看作经济增长的源泉，进而将技术进步内生于增长模型。以罗默、杨小凯和诺斯为代表的经济学家分别从技术进步、分工演进和制度变迁的视角优化了经济增长模型。克鲁格曼作为新经济地理理论的代表人物，他将规模经济、外部性、集聚效应作为切入点，分析了区域经济增长的运行机制，突出了空间地理的重要作用。区域收敛与发散理论主要研究不同区域之间的收入水平是趋同还是趋异的问题。上述经济理论是与主流经济学一脉相承的，伴随着社会的进步与发展，人们越来越多地将技术进步、制度变迁、空间地理等外生因素内生化，嵌入到增长模型内，越来越多地注意到区域之间的发展协调性问题。区域经济增长理论为政府缩小区域发展差距、实现区域协调发展提供了理论依据。

（二）区域政策理论

区域政策作为政策的二级概念，目前国内外尚未形成统一的概念界定，学者们对于区域政策的定义各不相同。弗里德曼（1966）提出：区域政策是指一种处理具体区域问题和发展区域经济的政策。Nevin（1990）认为区域政策是由国家或政府采取的一整套措施，用以影响经济活动的地区分布。伊丽莎白·鲁西曼提出了两种形式的定义：一种是指通过经济、社会、文化和生态方面来影响区域的政策；另一种是指经济政策中从空间角度来影响区域发展的政策。还有人认为区域政策本身并没有可以接受的定义和范围，也没有独立的区域政策实体。尽管对于区域政策的定义不尽相同，但具体可以将上述定义归纳为两类，即广义和狭义两种。广义概念指造成不同区域效应的一切政策。其中包括区域经济、环境、政治政策等，属于普适性政策。狭义概念指那些专门为解决区域问题而制定的政策或仅指区域经济政策。

如果从空间属性的视角对区域政策进行研究，区域政策是国家优化区域空间格局、强化区域空间治理的重要手段和工具，带有很强的空间性质。由于传统的经济增长理论将经济空间假设为均质化的空间，认为经济活动的地理空间分布是均匀的，忽视了经济增长在空间地理维度上的异质性，而侧重于分析促进和决定经济增长的一般性因素，因此对不同地区经济增长现象的解释力不强。延续克鲁格曼的新经济地理理论，学者们开始在区域政策的发展思路中融入了空间地理因素，开拓了区域政策的新的发展路径。从空间属性视角划分区域政策，共分为两种，分别为空间中性政策和空间干预政策。

空间中性政策的核心思想是，不考虑特定地区背景的干预是解决发展应该关乎人员还是地方这一传统两难问题的最优方法。空间中性理论最重要的假设是空间均衡的存在性，即要素是完全自由流动的，劳动力和土地市场是完全竞争的。因此从本质上来看，空间中性政策沿袭了传统经济增长理论的基本假设，它是一种“人的繁荣”的政策，通过要素的完全自由流动、破除制度障碍、提高市场化程度，这不仅能够有效增强地区效率，更能够促进人的全面发展，实现人口和经济集聚，最终实现人均收入的空间均匀分布和欠发展地区的趋同增长。

然而，空间均衡在现实中几乎不存在，同时由于空间中性政策的广泛普适性，并不能有效把握地区发展状况和整体福利水平。空间干预政策的倡导者认为，政府干预这只“看得见的手”是纠正市场失灵的有效方式，这就意味着需要对不同地区实施特定的干预政策，以此影响区域发展路径。欠发达地区实施的空间干预政策往往基于这样的行为假设，即解释欠发达地区表现欠佳的经济状况、当地贫困的生活水平以及某种类型的市场失灵。地区的空间干预具有两大基本要素：一是地区异质性。这主要是指当地的社会、文化、制度背景。如忽视了这种地区异质性，区域政策效果将会大打折扣。二是地区互动。其中涉及政治企业家智慧的问题，政治企业家对地区干预政策内容、区域及干预方式的选择等问题一定程度上反映了该地区精英阶层的整体素质，因此精英阶层缺失、不作为或行为不当都会影响一个地区的整体发展，不利于区域增长潜能的挖掘。地区互动不仅有利于促进区域内精英阶层人员的知识学习，还能有效拉动欠发达地区技术革新，缩小区域发展差距。

关于空间中性政策和空间干预政策的选择问题一直是争论的焦点，而这两者争论的核心在于是否承认空间均衡的存在性。区域政策的两种思路可以追溯到关于区域福利与国家福利关系的争论。Winnick（1966）最先讨论了这两种思路的选择问题。随后，Bolton（1992）在《“地区繁荣与人民富裕”再探》一文中再次进行研究，认为这两种发展思路本身就代表了干预思路的冲突，地区繁荣强调需要扶持落后地区的发展，人民富裕则聚焦于个人的福利而不考虑其他地区分布。那应如何对这两者进行取舍？空间中性政策意在通过制度完善以增强经济集聚，从而间接促进欠发达地区的发展，空间干预政策则针对特定地理空间，以直接促进欠发达地区的繁荣。强调空间干预政策的作用并不意味着不承认集聚效应的潜在价值，同样，空间中性政策也并不意味着不顾地区差异。事实上，两者在本质上相辅相成，在不同的发展阶段各有侧重，并不能简单地对两者进行取舍。因此，只有超越已有不同观点的分歧，将“人的繁荣”与“地区的繁荣”一并纳入理论分析框架的政策干预才能达到预期目标。

二、区域发展政策与区域经济增长的文献综述

区域发展政策作为政府宏观调控的重要手段，对区域经济的作用不可小觑。关于区域发展政策是否推动了区域经济增长，学界展开了广泛深刻的讨论，研究结果大致分为三类，本节将从以下三方面进行文献综述。

（一）区域发展政策对区域经济增长作用显著

部分学者认为区域发展政策对地区经济增长、民生改善具有明显的推动作用。纵观美国的发展史，区域发展政策对美国区域经济增长的作用不可小觑。美国南北部地区存在明显的结构差异，20世纪20年代以来，美国通过大量转移支付、颁布法令等手段来缩小区域差距，以公共设施、项目建设的方式向落后地区提供援助（Markusen，1994）。与此

同时，美国政府调动各州政府以公平为目标共同参与，以保证区域政策执行的完整性。在市场与政府的双重力量下，美国最终改善了问题区域的自我发展能力，推动了落后地区的经济增长。这些都是美国自第二次世界大战以来迅速成为世界霸主，始终屹立于世界之林的重要原因（胡春阳，廖信林，2017）。同样，日本的崛起也得益于区域发展政策。日本的区域发展政策包括三种：国土综合开发政策、一般落后地区开发政策、特定落后地区开发政策（杭海，张敏新等，2011）。日本的发展经历了由非均衡阶段到均衡发展阶段，再到最后的协调、倾斜发展阶段。非均衡发展阶段主要致力于提高日本整体水土利用率，促进粮食增收（吴昊，李成良，2004）。均衡发展阶段属于日本的综合发展阶段，一方面通过设立发展新区和特区来实现经济赶超；另一方面出台法令法规，拉动落后地区的发展，从而形成稳定的、综合的发展环境。协调、倾斜发展阶段则侧重于人与环境的和谐发展（李治宇，2004）。日本在第二次世界大战后的一系列区域政策对于缓解地区发展差异，促进经济增长起到了至关重要的作用。

我国的区域发展政策也经历了漫长的演变过程。1978年改革开放以来，国家在东部沿海地区率先建立经济特区，着重发展经济，以先富带动后富。随后2000年实行西部大开发战略，2003年实施东北老工业基地振兴战略，2006年实行中部崛起战略。至此，我国东、中、西、东北四大板块形成。对于我国的区域发展政策效果，学界也展开了讨论。总的来说，区域发展政策的作用体现在两方面：一是促进区域增长格局改变，区域增长质量提高；二是增长极不断涌现，区域发展活力提高（范恒山，2010）。区域政策的实施有力地促进了区域经济协调发展，增强了国家整体发展活力，促进了民生建设水平的提高（范恒山，2012）。东部沿海通过对外开放加强了与周边国家的交流合作，其区位优势不仅提高了资源配置能力，更提高了产品的市场竞争力（傅允生，2010）。与此同时，东部地区着力转变发展方式，推进经济结构调整，发展质量也得到了明显提升。中部崛起战略的实施使得中部地区急速缩小与东北、东部地区的差距，中部地区在经济实力、结构调整、城镇化水平等方面都取得了明显的成就（喻新安，2014）。

（二）区域发展政策对区域经济增长作用不显著

区域政策是各个区域经济利益格局差异及其矛盾协调的过程（汤学兵，2013），这意味着并不是所有的区域发展政策的效果都显著。我国区域政策制定和实施的时间还较短，且政策具有时滞性，对区域经济的影响在短期内不能完全体现，因而导致实施效果并不明显（余运江，孙斌栋等，2014）。很多政策还需要在实施过程中予以修正与改进。

总的来说，学界对于西部大开发战略的总体实施效果评价并不高。从技术进步角度来看，西部大开发战略确实推动了西部地区全要素生产率的提高，但这种提高幅度并不大。在生态环境方面，西部大开发战略效果存在一定时滞性，诸多领域的生态环境改善出现在2010年之后（张先锋等，2016）。从地区经济发展水平来看，西部地区以基础设施为主的投资对当地经济增长的影响并不显著（李冀，严汉平等，2012），西部地区的经济发展状况并未呈现明显提高，西部大开发过程中存在着“政策陷阱”，降低了西部地区的人力资本水平，阻碍了产业结构的优化调整（刘瑞明等，2015）。

同样，2003年出台的东北老工业基地战略也是如此。其中一部分学者认为，东北振兴的实施效应依赖于政策类型。东北振兴政策在地区经济增长、结构调整、社会保障方面取得了显著成效（金凤君，陈明星，2010），但在科技创新方面并未出现明显提高，制造业产业领域仍然依靠资本驱动的粗放式增长模式，全要素生产率对经济贡献率占比较低（刘雅君，2016）。也就是说，东北振兴的部分政策是有效的，而其余部分对东北地区经济发展的效应并不明显（何春，2017）。另一部分学者认为东北振兴的政策效应是分阶段的。从技术进步角度看，在东北振兴的第一阶段（2003—2007年），东北地区的全要素生产率不仅没有提高，反而出现了严重下降（杨东亮，2011）。从经济增长角度看，2003—2008年是东北振兴政策的成效期，而在此之后，振兴政策未能给东北经济带来有效刺激（王娟，郑浩原，2017）。

（三）区域发展政策对区域经济增长的作用难以判断

第三类文献认为区域发展政策对区域经济增长的作用很难简单地概括为有效或是无效。部分学者从空间中性和空间干预的视角出发，认为在区域发展政策作用下，我国四大板块面临着空间平等和空间效率的两难选择，制度障碍阻碍了区域政策效果的释放。城乡之间的发展差距也伴随着改革重心转移而越来越大（邓睦军，龚勤林，2018）。因此，单纯的区域政策对区域经济发展的作用有限，想充分发挥作用需要外在条件的助力。只有考虑到人员以及地方双重依赖、兼顾空间中性和空间干预政策，才能达到推动区域发展的预期效果（丁嵩，孙斌栋，2015）。

还有一部分学者发现区域发展政策确实推动了经济增长，但并未改善区域整体发展状况，甚至会使区域发展问题愈演愈烈。就我国的发展现状来说，富裕地区的经济增长在逐渐向收敛状态过渡，落后地区经济则呈现发散状态，受自然环境等因素限制，落后地区与富裕地区的差距仍旧存在（周亚虹，朱保华，2009）。不仅我国如此，世界上其他地区也存在类似问题。欧盟区域政策通过基础设施建设和人力资源投资，提高了国民收入水平和生产率水平（杨逢珉，2009）。虽然欧盟的区域政策有效推动了地区的经济增长，但并没有缩小各地区的经济发展差距（胡春阳，廖信林，2017）。从收敛角度来看，尽管很多欧盟成员国在区域政策下表现良好，但欧盟之间的经济发展仍旧不平衡，区域发展差距不会停止，各地区的经济发展并不会趋同（吴昊，2013）。同样的情况还发生在俄罗斯，由于俄罗斯国土面积辽阔，民族问题复杂，俄罗斯社会存在严重的发展失衡问题。为促进经济协调发展，俄罗斯近年来开启了“地区部”时代，设立经济超前发展区和自由港。现有的区域发展政策一定程度上改善了民生，但对经济发展的整体效果助益不多，经济社会发展失衡难以遏制（高际香，2016）。

第二节　东北老工业基地振兴的现实考察

一、政策回顾与经济增长

2003年，中共中央、国务院发布了《关于实施东北地区等老工业基地振兴战略的若干意见》，明确了实施振兴战略的指导思想、方针任务和政策措施。在党中央、国务院出台区域发展政策的同时，各省级政府也陆续出台政策规定作为党中央的配套政策，来推进东北老工业基地的发展。为进一步明确东北地区的发展情况，本书对2003年以来国家及地方出台的主要政策进行了梳理和归纳。表2-1按时间顺序整理了2003年以来为振兴东北陆续出台的46项政策，其中包括国务院对地方发展规划的重要批复以及各地方政府出台的区域发展政策。

表2-1　　　　**主要区域政策梳理**

序号	政策	序号	政策
1	关于完善城镇社会保障体系的试点方案（2003.4）	24	中科院科技服务东北老工业基地振兴行动计划（2012—2015年）
2	关于实施东北地区等老工业基地振兴战略的若干意见（2003.10）	25	国务院关于辽宁省海洋功能区划（2011—2020年）的批复（2012.10）
3	关于加快东北地区中央企业调整改造的指导意见（2004.2）	26	全国老工业基地调整改造规划（2013—2022年）
4	黑龙江省完善城镇社会保障体系试点实施方案（2004.5）	27	国务院关于黑龙江省"两大平原"现代农业综合配套改革试验总体方案的批复（2013.6）
5	国务院办公厅关于吉林省免征农业税试点工作方案的复函（2004.11）	28	国务院办公厅关于金融支持经济结构调整和转型升级的指导意见（2013.7）
6	财政部 国资委关于做好第二批中央企业分离办社会职能工作有关问题的通知（2005.2）	29	国务院办公厅关于黑龙江双鸭山经济开发区升级为国家级经济技术开发区的复函（2014.2）
7	关于2005年东北地区扩大增值税抵扣范围有关问题的通知（2005.2）（2009年废止）	30	国务院关于近期支持东北振兴若干重大政策举措的意见（2014.8）
8	财政部 国家税务总局关于东北老工业基地资产折旧与摊销政策执行口径的通知（2005.2）（2011年废止）	31	中共中央 国务院关于深化体制机制改革加快实施创新驱动发展战略的若干意见（2015.3）
9	关于印发东北地区电力工业中长期发展规划的通知（2005.3）	32	国务院关于中德（沈阳）高端装备制造产业园建设方案的批复（2015）

续表

序号	政策	序号	政策
10	关于东北地区老工业基地土地和矿产资源若干政策措施（2005.6）	33	关于促进东北老工业基地创新创业发展打造竞争新优势的实施意见（2015.6）
11	国务院办公厅关于促进东北老工业基地进一步扩大对外开放的实施意见（2005.6）	34	国务院关于同意设立长春新区的批复（2016.2）
12	关于振兴东北老工业基地企业所得税优惠政策适用范围的通知（2005.8）	35	国务院关于哈长城市群发展规划的批复（2016.2）
13	关于推进东北地区棚户区改造工作的指导意见（2005.10）（2011年失效）	36	国务院关于同意沈大国家高新区建设国家自主创新示范区的批复（2016.4）
14	国务院关于同意东北地区厂办大集体改革试点工作指导意见的批复（2005.11）	37	关于全面振兴东北地区等老工业基地的若干意见（2016.4）
15	关于发展高技术产业促进东北地区等老工业基地振兴指导意见的通知（2005.11）	38	国务院关于同意设立黑龙江绥芬河-东宁重点开发开放试验区的批复（2016.4）
16	关于东北黑土区水土流失综合防治规划的批复（2006.3）	39	国务院关于沈阳市系统推进全面创新改革试验方案的批复（2016.6）
17	国家税务总局关于豁免东北老工业基地企业历史欠税有关问题的通知（2006.12）	40	推进东北地区等老工业基地振兴三年滚动实施方案（2016—2018年）（2016.8）
18	国务院关于东北地区振兴规划的批复（2007.8）	41	关于支持老工业城市和资源型城市产业转型升级的实施意见（2016.9）
19	国务院关于进一步实施东北地区等老工业基地振兴战略的若干意见（2009.9）	42	国务院关于深入推进实施新一轮东北振兴战略加快推动东北地区经济企稳向好若干重要举措的意见（2016.11）

续表

序号	政策	序号	政策
20	东北地区旅游业发展规划（2010.4—2020）	43	国务院关于东北振兴“十三五”规划的批复（2016.11）
21	关于加快转变东北地区农业发展方式建设现代农业的指导意见（2010.11）	44	国务院关于印发中国（辽宁）自由贸易试验区总体方案的通知（2017.3）
22	关于促进东北地区职业教育改革创新的指导意见（2011）	45	东北地区与东部地区部分省市对口合作工作方案（2017.3）
23	国务院关于东北振兴“十二五”规划的批复（2012.3）	46	国务院关于促进外资增长若干措施的通知（2017.8）

资料来源：作者根据有关资料整理。

通过表2-1中对近些年出台政策的梳理，我们发现这些政策中既有地区宏观政策，也有各行业的细化政策；既有东北全区域的发展规划，也有各省市的地方发展策略。本书为进一步剖析政策的施行给东北地区带来的影响，将这些政策按内容进行简单归类。其中，空间布局类政策11项，高新技术类政策8项，农业与资源类政策6项，财税类政策4项，企业改革、社会保障类和对外开放类政策均为9项，产业政策与城市建设类各为2项，其他政策6项。

由此可见，东北振兴政策导向并未出现问题，政策内容涉及东北地区发展的方方面面，政府通过对东北地区的大规模资金支持与项目投放，以直接输血的方式改造东北因历史遗留所存在的问题，更针对东北现存问题出台整改措施，给予东北地区充分的发展空间与活力。在党中央的政策推动下，东北地区在鼓励创业创新、保障改善民生、促进贸易发展方面都取得了巨大进展。

中华人民共和国成立初期，东北地区凭借得天独厚的自然资源禀赋，被誉为“共和国长子”。前两个五年计划期间，东北地区迅速崛起，成为国家的重化工业基地。无论是资源产量还是制造业发展水平，不管是林业发展水平还是农业产量，东北地区都居于全国前列。伴随着改革开放的进行，东北经济很快落伍，大批国有企业破产重组，经济出现停滞与缓慢增长趋势。现如今，东北地区再次陷入僵局。图2-1展示了全国GDP及东北三省1994—2015年地区生产总值增长率状况，可以明显看出20世纪90年代中后期东北地区经济增长水平趋于停滞。为振兴东北老工业基地，国家于2003年出台了《关于实施东北地区等老工业基地振兴战略的若干意见》，政策的出台确实加快了东北三省经济的增长速度，缩小了与全国的发展差距。东北的地区生产总值增长率自政策实施以来出现了明显的提高，然而这一现象并没有得以持续。自2010年开始，东北三省的地区生产总值增长率开始缓慢下滑，而自2013年开始这种缓慢下滑转而演化成“断崖式下滑”，2014年开始，伴随着中国经济进入新常态与“三期叠加”的特殊背景，东北三省的地区生产总值增长率明显低于全国平均水平，经济再次呈现出疲软态势，与此相伴随的还有产能过剩、供需矛盾激化等现象，人们将其称为“新东北现象”。

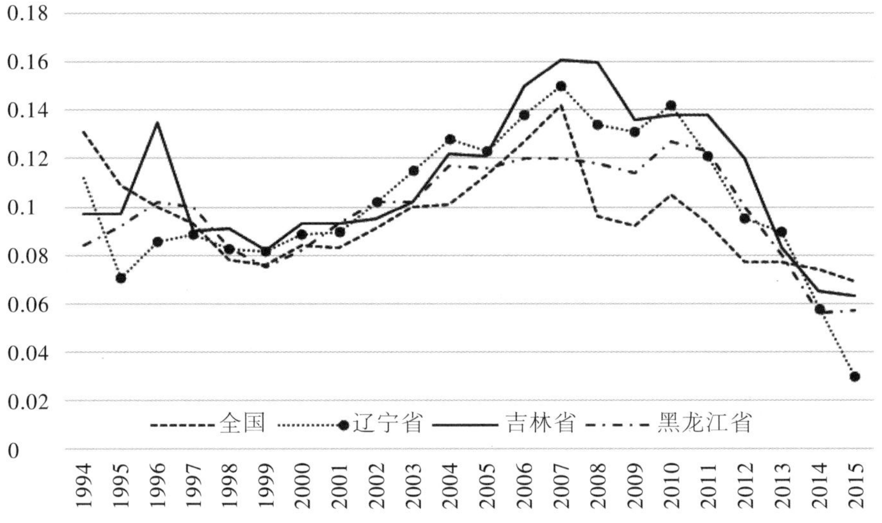

图2-1 全国GDP及东北三省地区生产总值增长率

数据来源：根据国家统计局有关资料整理。

创新作为一个国家经济发展的内在动力，是推动国家发展的重要力量。为进一步考察东北地区的总体发展情况，本节从推动东北地区经济增长的内在动力，即技术创新水平入手。由于全要素生产率的来源包括技术进步、组织创新、生产创新等，因而本书选取全要素生产率（TFP）作为衡量东北地区技术进步水平的重要指标。本书应用DEA模型中Malmquist指数方法计算出1994—2015年东北地区的全要素生产率的增长率水平，如图2-2所示。2003年施行东北振兴政策之前，虽然在20世纪90年代中期，全要素生产率的增长水平经历了低谷期，但整体上东北地区的全要素生产率呈现波动上升的趋势。自2003年政策实行至2009年，东北三省的全要素生产率均呈现较快的上升速度，这意味着这一阶段，高新技术与新兴产业在东北地区发展活跃。而2009年之后，东北三省的全要素生产率的增长率开始呈现下降趋势，虽然自2011年开始其增长率开始上升，但整体仍呈负增长趋势。

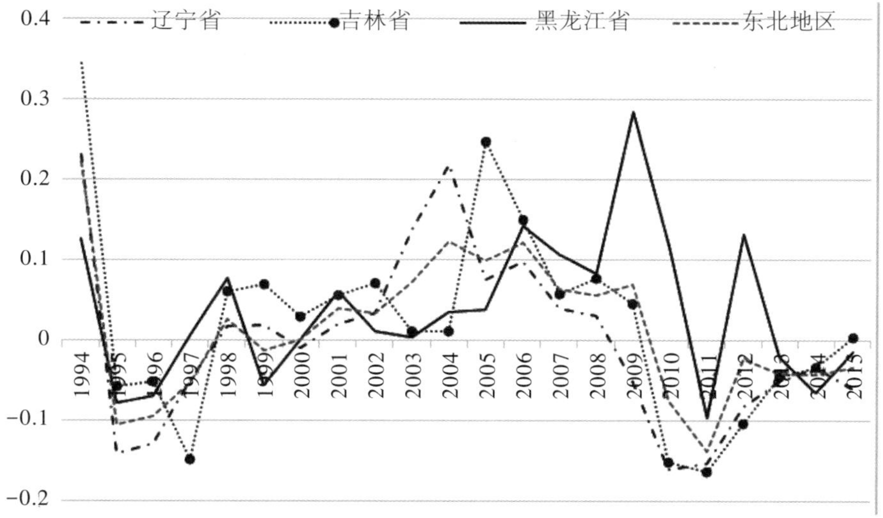

图2-2　全要素生产率的增长率

数据来源：根据国家统计局有关资料整理。

二、结构性视角下东北经济发展概况

东北的经济发展经历了从“黄金10年”到“断崖式”下滑的转变，一方面，是因为东北经济受到了中国进入经济新常态的外部因素影响；另一方面，是由东北地区内在的深层次的结构性障碍所致。合理的经济结构是促进经济增长的重要因素，无论是东北地区的需求结构还是分配结构，所有制结构还是产业结构，抑或人口结构，均呈现出不同程度的失衡，这些都是导致地区经济下滑的重要原因。

（一）需求结构

消费、投资、出口三方面比重构成了当前的国民收入需求结构。我国当下的需求结构明显处于失衡状态，高投资、低消费和高出口拉动是我国需求结构的典型特征，而东北地区需求结构的失衡程度更甚于全国平均水平。首先，从投资角度看。图2-3显示了固定资产投资额的相关情况。2006年之后，东北地区固定资产投资额占比开始大于全国平均水平，其中2013年达到最高（85.1%）。而在此之后东北地区固定资产投资额占比及其增长率均呈现下降趋势，这是由于近年来东北投资收益率逐年降低，使得“投资不过山海关”成为现实。其次，从消费角度看。如图2-4所示，东北地区自2003年施行振兴政策以来，消费增长率呈现平稳上升趋势，但明显低于沿海开放地区（广东）和中部地区（湖南）。2008年金融危机之后，该指标明显下降且未见回升趋势。由此可见，东北地区消费增长不足，人民消费水平有待提高。最后，从出口角度看。东北地区背靠俄罗斯，与朝鲜半岛、日本岛隔海相望，具有极佳的地理优势来发展对外贸易。但事实上，东北三省的出口贸易发展水平差强人意。东北三省虽然近年来的出口贸易总额总体提升，但较全国平均水平仍有很大差距。2015年全国出口额占GDP比重达到20.5%，东北三省中，辽宁省出口额占比最高，仅为全国水平的一半，为广东省的1/5，而吉林省和黑龙江省占比不足10%。总体来说，振兴政策实施以来，东北地区的投资、消费、出口等指标均出现了一定比例的上升。但不可否认的是，东北地区国民收入需求结构失衡严重，地区经济增长过分依赖于固定资产投资，消费和出口对经济发展贡献率低，居民消费增长后劲不足，地区出口占比连年下降。2013年东北经济下滑，很大程度上是由于东北地区的固定资产收益率下跌进而减少了地区的固定资产投资，加之消费与出口的作用有限，从而拉低了经济增长水平。

（二）分配结构

国民收入分配结构由居民、企业、政府三者的收入分配比例所构成。东北地区居民消费增长后劲不足，很大程度上取决于东北地区居民人均工资水平偏低。图2-5和图2-6分别显示了不同地区在岗职工人均工资收入水平及其增长率水平。显然，东北振兴政策的施行提高了东北

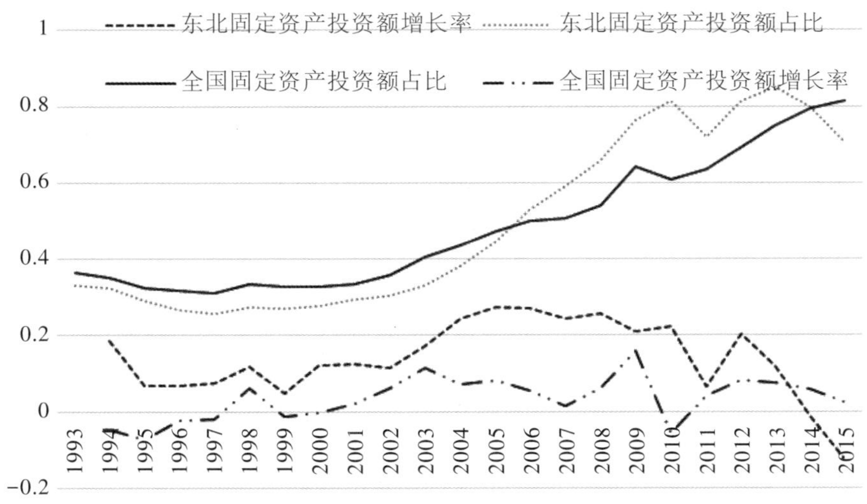

图 2-3 固定资产投资额增长率及占 GDP（地区生产总值）比重

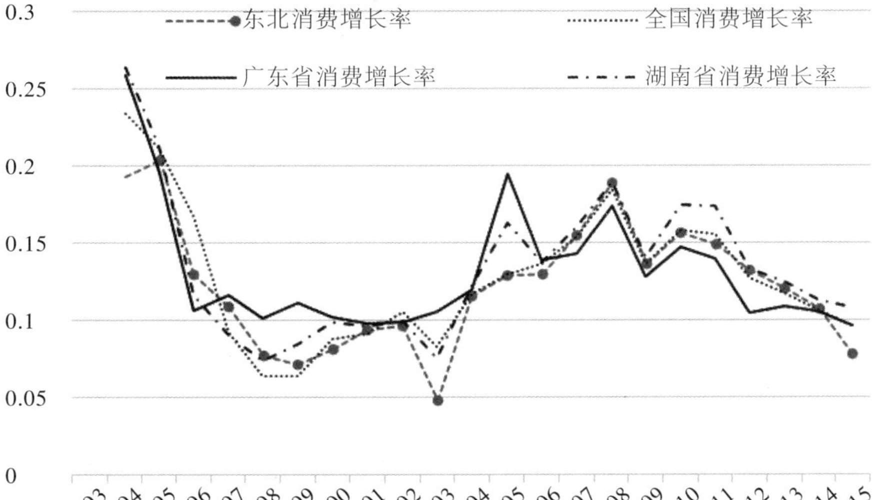

图 2-4 消费增长率水平

数据来源：根据国家统计局有关资料整理。

地区人均工资增长率，数据表明，2003 年以来东北三省收入增长率明显高于其他地区。但东北整体工资基数偏低，使得东北整体在岗职工人均收入水平略低于全国，远低于东部沿海地区。近年来伴随着我国进入新常态发展阶段，东北地区经济进入“断崖式”下滑，东北各省的工资增长率水平总体也呈现出下行趋势，增长率水平基本保持在 8% 左右。

东北地区人均收入水平偏低是东北地区分配结构的突出特征。

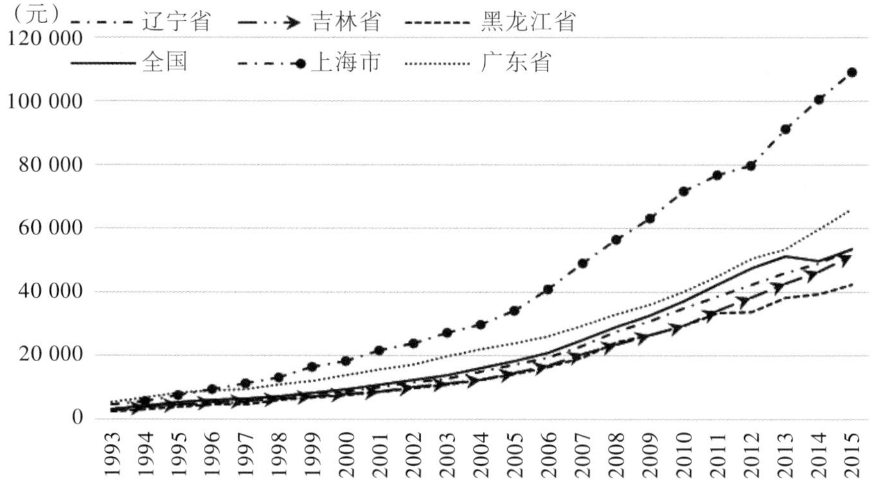

图 2-5 东北三省及全国在岗职工人均收入水平

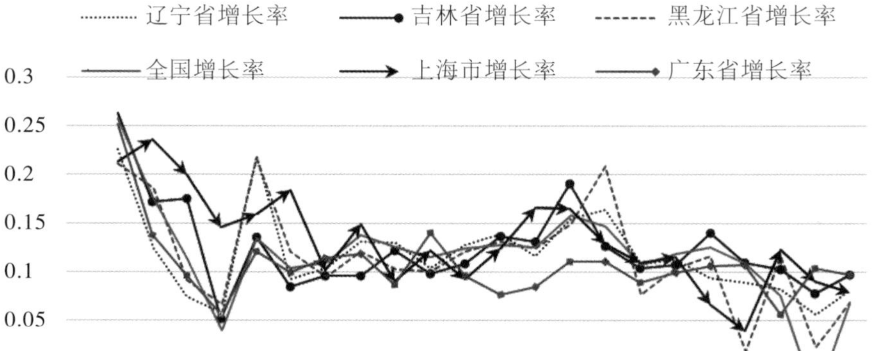

图 2-6 东北三省及全国人均工资增长率

数据来源：根据国家统计局有关资料整理。

同时，政府税收水平低下、企业盈利能力弱是东北地区分配结构的另一显著特征。2008—2013 年，东北三省税收增长率均高于全国平均水平，其中 2011 年税收增长率达到最高（23.2%），而在此之后，东北地区的整体税收水平便呈现大幅下降趋势。与此同时，大规模工业企业盈利总额增长率也在连年下降，如图 2-7 所示。自 2013 年开始，广东省、上海市与全国大规模企业利润增长率表现平稳，东北三省的大规模工业企业盈利开始出现负增长，其中黑龙江省与辽宁省跌幅最大，吉林省跌幅较小。这意味着，伴随着东北地区整体经济环境的恶化，政府税收水平和企业利润均呈现减少的趋势。因此总的来说，东北地区政府税收水平低下，企业与居民在分配结构中所占比重较低，获取的社会财富不足，导致地区消费水平低下，从而拉低了经济增长速度。

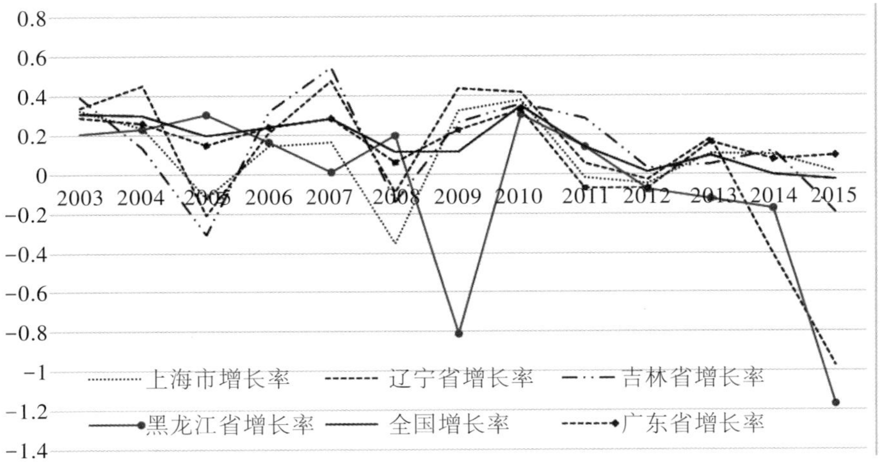

图2-7 大规模工业企业利润总额

数据来源：根据国家统计局有关资料整理。

（三）所有制结构

东北地区是我国最先实施计划经济体制的地区，同时也是计划经济体制实施最为彻底的地区。这就导致在过去几十年中东北的国有企业占比在全国范围内水平最高。东北地区所有制结构的失衡除了受到计划经济体制残余思想的影响之外，还由于现阶段国有企业实力不强、民营经济发展缺乏动力。东北地区退出计划经济体制已有几十年，但计划经济体制残余对东北经济仍存在影响。伴随着近些年所有制结构改革在东北振兴政策的推进下不断深化，东北地区的国有企业比重已出现了明显的下降，如图2-8所示，东北三省的国有企业就业人员比重与上海市大致相当，为10%左右，相比之下，江苏省的国有企业就业人员比重较低。正常来说，国有企业退出历史舞台后应该由其他所有制经济填补空白，但现实中该现象并未发生。图2-9显示了各地区私营及个体就业人员的占比情况。尽管近年来，各地区的私营及个体就业人数均呈上升趋势，但东北地区上升速度显然低于沿海地区。截至2015年，辽宁省和吉林省的私营和个体就业人员占比达到40%，而黑龙江省则不足20%，相比之下，江苏省的比重达到60%，而上海则为80%[①]。由此可见，相比于东部沿海省份极具活力的民营经济，东北地区国有企业的空白并没有完全被民营经济填补。这是由于东北地方政府在建设市场经济和营造市场经济秩序方面有待提高。据统计，全国500强民营企业中，辽宁只有6家上榜，而浙江有138家，山东省的贫困地区临沂，也有6家[②]。东北的振兴离不开民营经济的发展，民营企业吸纳了大部分的就业人员，在社会发展中承担越来越多的社会责任，为推动地区经济发展做出了重要的贡献。近年来党中央也通过不断出台指导意见来推动东北地区所有制结构改善。一方面，优化东北地区民营经济发展环境，培育民营企业发展活力；另一方面，通过强化国有经济的影响力与控制力，做大做强国有资本，以此来促进地区所有制结构的转型升级。

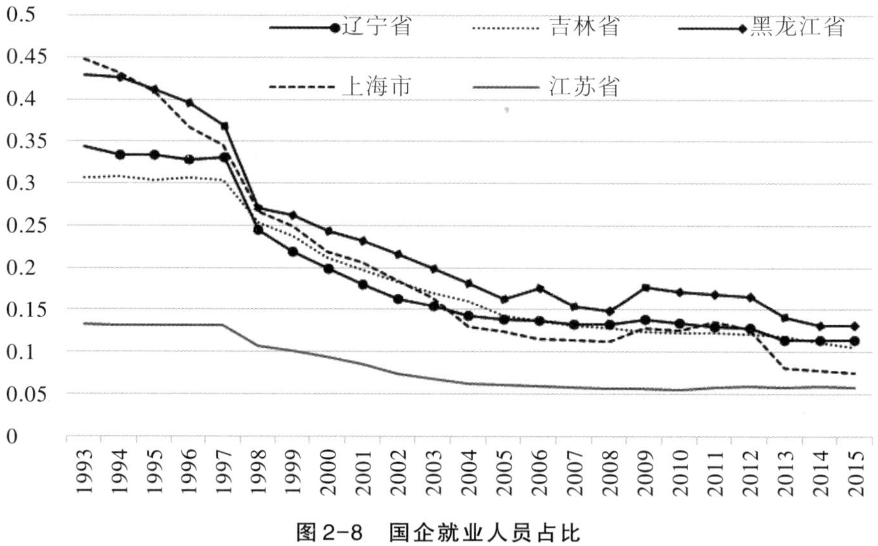

图2-8　国企就业人员占比

（四）产业结构

产业结构是区域经济发展的基础特征，是区域经济发展的内生动力，是地区经济增长的动力源泉。中华人民共和国成立之初，由于国家

① 数据来源：根据国家统计局有关资料整理。

② 数据来源：梁启东．不要唱衰东北经济［EB/OL］．［2016-03-14］．http：//tieba.baidu.com/p/4411394517.

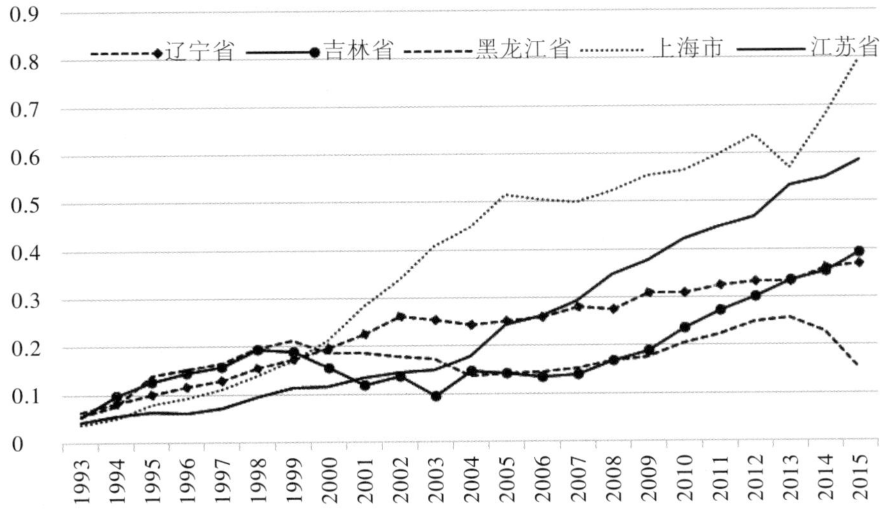

图2-9 私营及个体就业人员占比

数据来源：根据国家统计局有关资料整理。

对军工发展的需要，大量资源型工业与传统制造业成为东北地区的支柱产业。但伴随着改革开放与市场化进程的推进，东北三省的产业结构虽然一直在不断优化，但其发展始终没能脱离传统行业的藩篱，始终依赖于能源资源、重工业制造等高消耗、低附加值的产业。相比之下，东北地区现代服务业发展滞后，新兴产业起步较慢，发展水平有待提高。图2-10展示了东北地区和全国二、三产业占GDP比重情况。显然，东北地区的第二产业比重整体高于全国水平，第三产业比重明显低于全国。伴随着近些年全国范围内的产业结构优化调整，二、三产业占比均出现了变化，但东北地区的调整速度明显慢于全国平均水平，东北地区二、三产业比重交叉出现于2015年，而全国这一比重交叉出现于2013年。这意味着东北地区的产业转型落后于全国，新兴产业的发展水平还有待提高。东北地区产业结构失衡不仅仅表现在二、三产业比例失调，更在于第二产业内部结构的失衡。东北地区的产业结构长期呈现出“重重轻轻”的发展特征，即重重工业、轻轻工业，长期以来重视重工业，轻工业得不到大的发展。重工业产值在工业总产值中占比偏高，2014年东北重工业占比达到78%，高于全国平均水平（70%），尤以黑龙江省与辽宁省最为突出，分别达到80%和79%[①]，且这些重工产业均集中在钢铁、煤炭、石油等产能过剩行业，产品也多处于产业链低端。林毅夫教授团队在《吉林报告》中指出，吉林省2014年轻工业与重工业比重为3∶7，报告中提出吉林省应当适当发展轻纺业。实际上，东北另外两省的发展问题与吉林省大致相同，东北地区的产业结构调整也应当改进“重重轻轻”的结构特征。东北地区片面看重重工业发展使部分城市能源开采过度，很多资源枯竭型城市陆续出现，严重制约了东北重工业产业的转型升级，阻碍了经济的发展。

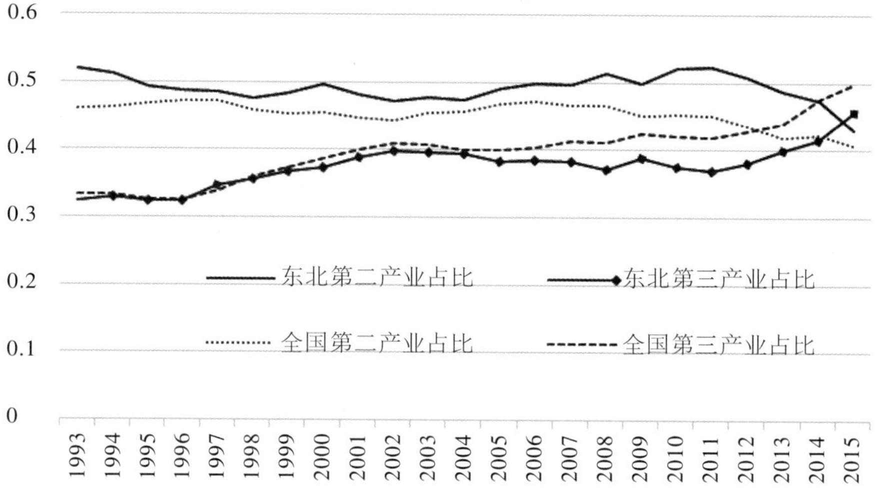

图2-10 东北地区及全国二、三产业占比情况

数据来源：根据国家统计局有关资料整理。

（五）人口结构

人力资源是一个地区的宝贵资源，是促进地区经济增长的动力源泉。东北的振兴，离不开人口的聚集，人口结构的变迁对经济增长具有直接影响。而近年来东北人口结构出现了不同以往的特征。这主要体现在人口规模与人口质量两方面。首先，人口红利消失，人口规模减小。第六次全国人口普查数据显示，东北地区每年人口净流出200万。如图2-11所示，自2012年开始，东北地区人口增长率由正转负。2015年，东北地区人口增长率仅为-0.4%，而相比之下，全国人口增长率虽然呈下降趋

① 数据来源：一财网．东北深陷单一产业结构困局，经济现断崖式下滑［EB/OL］．（2016-04-14）．http：//finance.sina.com.cn/roll/2016-04-14/doc-ifxriqqv5669929.shtml.

势但明显高于东北地区。同时，在人口出生率方面也不尽如人意，尽管2015年国家全面放开二孩政策正式出台，东北地区的生育率仍不见提高。2015年，辽宁省的出生率为6.17%，吉林省为5.87%，黑龙江省为6%，均远低于全国平均水平（12.07%）。其次，人力资本增速下降，人口质量有待提高。1998—2002年期间，东北地区的人力资本增长率高于广东地区，其中2000年达到最高（23%）。而2003年东北振兴政策实施之后，这一局面被彻底颠覆，东北地区人力资本增长率明显低于广东地区，截至2015年，该指标仅为1.4%[①]。与此同时，根据中国高技术产业数据库数据显示（见图2-12），东北三省整体高技术人才[②]年平均数量也远低于长三角地区，长三角地区的高技术人才数量储备是东北地区的近10倍。东北地区的人口外流不仅体现为中高级人才流失严重，整体就业人数也呈现减少的趋势。自2014年开始，东北地区就业增长率迅速下滑，2015年开始出现负增长，加之工资薪酬和消费等多重因素的制约，大量人才奔赴南方及沿海地区，寻求更多的发展机会与更广阔的发展空间，“孔雀东南飞”成为近年来难以遏制的现象。东北地区人口结构的失衡，直接影响了区域产业结构的调整，成为制约东北地区经济发展的重要因素。

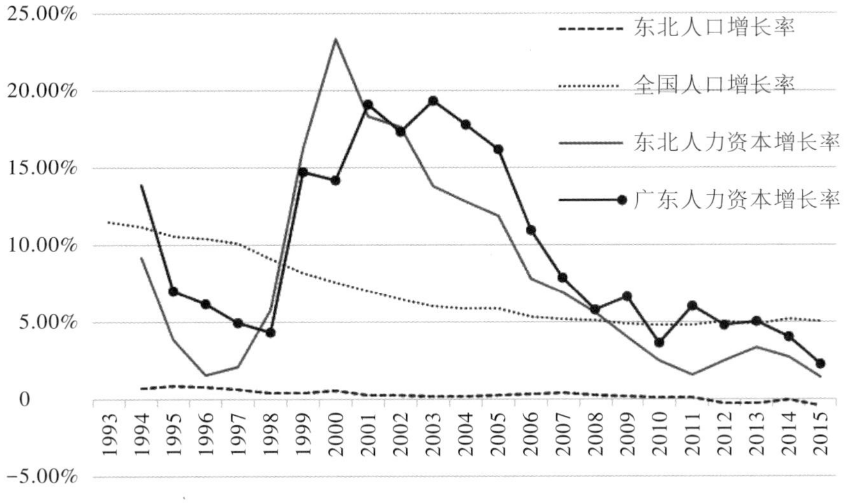

图2-11 人口及人力资本增长率

数据来源：根据国家统计局有关资料整理。

① 数据来源：根据国家统计局有关资料整理。

② 高技术人才指在医药制造业、航空航天设备制造业、电子及通信设备制造业、计算机及办公设备制造业、医疗仪器设备及仪器仪表制造业等行业的工作人员。

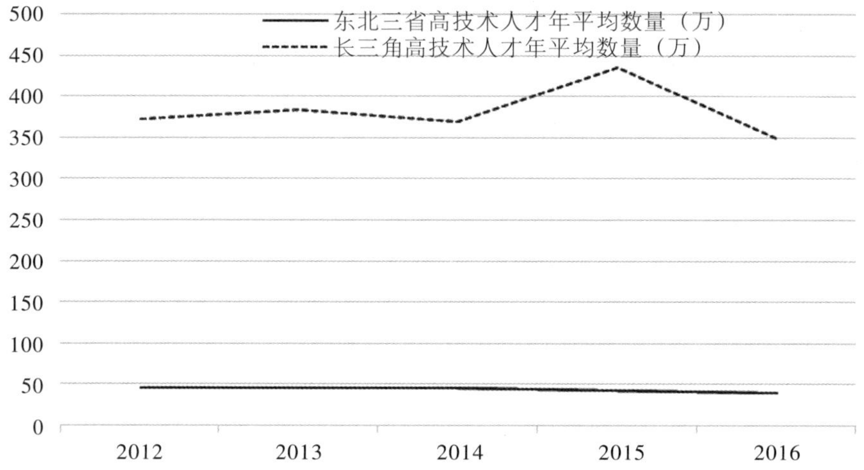

图2-12　高技术人才年平均数量

数据来源：根据国家统计局有关资料整理。

在东北振兴政策的推动下，东北地区的经济结构改善取得了阶段性进展，但较全国总体水平来看仍有较大差距。经济发展过度依赖于固定资产投资，消费与出口对经济发展的贡献较低，人均收入水平过低导致地区居民消费增长后劲不足、人口红利消失，人力资本增速缓慢，这些都是东北经济结构的显著特征。更重要的是，东北地区新兴业态发展水平较低，创新力不足，国有经济实力较弱，民营经济发展缺乏活力，经济发展始终难以摆脱对低附加值产业的依附，诸多因素的叠加导致东北地区即使在振兴政策的大力推动下仍无法根治地区的经济结构障碍。

第三节　东北振兴政策绩效评估——基于合成控制法的实证检验

一、模型方法、指标选取及数据来源

（一）方法与模型

由于合成控制法能够有效地克服传统双重差分法模型估计的缺陷，减少因为控制组主观选择而造成的误差，因此近些年，合成控制法在政策评估方面得到了国外学者的一致认可与广泛应用。该方法由 Abadie

和Gardeazabal于2003年首次提出，其运用合成控制法在众多未发生恐怖活动的地区根据权重安排，构造一个合成的虚拟斯巴克，通过真实斯巴克与虚拟斯巴克之间的比对，分析恐怖活动对西班牙斯巴克地区经济增长的影响。Abadie（2009）等人运用合成控制法研究美国加州控烟法案对人均烟草消费的影响，在众多未颁布控烟法案的地区挑选权重较大的地区合成虚拟加州，观测真实与虚拟加州人均烟草消费的变动情况，并在此基础上进行了一系列安慰剂检验。Kleven（2013）等人以1985年以来欧洲14个国家的数据为样本，运用合成控制法分析税率对于足球明星国际流动的影响情况，研究发现，税率的变动很大程度上影响了足球明星的流动性，并且不同类型的足球明星对于税率的反应不同。Sarr（2014）以20个发展中国家的数据为样本，运用合成控制法探究财政分权对地方财政税收的影响，研究结果表明，财政分权制度对地方税收并没有显著影响。令人欣喜的是，合成控制法不仅在国外应用广泛，国内学者也开始使用该方法。王贤彬（2010）等人通过合成控制法探究行政区划对区域经济的影响，研究结果表明，行政区划对重庆地区的经济增长具有积极促进作用，而对于四川的经济增长效果并不显著。苏治等人（2015）通过合成控制法探究通货膨胀目标制对新兴国家通货膨胀的影响，文章以51个新兴国家的面板数据为样本，研究发现，政策实施国的通货膨胀率明显低于未实施政策的国家，以此说明政策实施的有效性。

由于东北地区于2003年实行东北老工业基地振兴政策，因此可将该政策的实施看作一项自然实验。为避免双重差分法（Diference in Diference）所存在的地区异质性估计偏差，本书采用合成控制法（Snythetic Control Method）。其基本思路是：根据已有的数据和目标单元构造一个“反事实”的对照单元，再通过事件发生后目标单元与对照单元的差别对事件进行评估。本书将2003年实施东北振兴政策的东北地区作为处理组，把全国其他地区作为潜在的控制组，根据已有地区的数据计算最优权重，合成一个尚未施行东北振兴政策的虚拟东北地区，使合成的东北地区与真实的东北地区在政策施行前具有共同趋势，预测变量的特征尽可能相似，再通过真实与虚拟东北地区的差异对东北振兴政策效应进行评估。

假设观测J+1个地区的经济发展状况，其中1表示处理组东北地区，且只有1受到了东北振兴政策的影响，其余J个地区表示控制组中全国其他未受政策影响的地区。用T_0表示东北振兴政策开始的年份，即2003年；Y_{it}^N表示i地区在t时期没有受到政策影响时的结果，Y_{it}^I表示i地区在t时期受到了政策影响的结果。Y_{it}表示i地区在t时期实际的经济发展情况。因此有$\alpha_{it} = Y_{it}^I - Y_{it}^N$，这表示t时期东北地区的政策的影响效应。又有$Y_{it} = Y_{it}^N + D_{it}\alpha_{it}$，其中$D_{it}$为虚拟变量，若$t \leqslant T_0$，$D_{it} = 0$；否则$D_{it} = 1$。当$D_{it} = 1$时，i地区受到政策影响；反之则没有受到政策的影响。因此，只要估计出Y_{it}^N的值，便可知政策效应α_{it}。由于Y_{it}^I可观测，因此我们需要构造“反事实”变量模型，假设：

$$Y_{it}^N = \delta_t + \theta_t Z_i + \lambda_t \mu_i + \varepsilon_{it} \tag{1}$$

其中，δ_t表示时间固定效应，Z_i表示不受政策影响的协变量，θ_t表示未知参数，μ_i表示地区固定效应，λ_t表示影响所有地区的共同因素，ε_{it}表示误差项。

Abadie（2003）提出，在一般条件下，Y_{it}^N可以通过计算最优权重来对M个控制组进行加权平均的方式来近似模拟，其中权重向量为$W = (w_1, w_2, w_{i-1}, \cdots, w_{j+1})$。其中，对于任何$w_j \in W$，都有$0 \leqslant w_j \leqslant 1$，且$\sum_j w_j = 1$。因此有：$\sum_{j=2}^{J+1} w_j Y_{it}^N = \delta_t + \theta_t \sum_{j=2}^{J+1} w_j Z_j + \lambda_t \sum_{j=2}^{J+1} w_j \mu_j + \sum_{j=2}^{J+1} w_j \varepsilon_{jt}$。其中存在一个最优权重$w^*$，使得$Y_{it}^N - \sum_{j=2}^{J+1} w_j^* Y_{jt}^N$趋近于0，即$\sum_{j=2}^{J+1} w_j^* Y_{it}^N$可以作为$Y_{it}^N$的无偏估计，从而$\widehat{\alpha}_{1t} = Y_{1t} - \sum_{j=2}^{J+1} w_j^* Y_{jt}^N$可以作为$\alpha_{1t}$的无偏估计。

（二）指标选取及数据来源

本书将各省（自治区、直辖市）的地区生产总值增长率（GDPinc）作为产出变量，用于衡量各地区的经济增长速度。预测变量的选择主要来自本书对东北的结构分析，本书用固定资产投资额占地区生产总值的比重（GDZC）、城镇居民人均消费支出占人均地区生产总值份额（XF）作为衡量东北地区需求结构的指标，将城镇在岗职工平均工资增长率（SR）作为分配结构的衡量指标，用城镇国有企业就业人员占总就业人员比重（SYZ）来衡量所有制结构，用第三产业地区生产总值产出与地区生产总值总额之比（CYJG）来表示产业结构，用高等学校在校人数与人口总数的比重来表示人力资本（RLZB）构成，作为人口结构的代表性指标。除此之外，本书还增加了政府规模（GOV）和外贸依存度（Trade）指标，即政府财政支出占地区生产总值的比重和贸易出口总额占地区生产总值的比重。

由于全要素生产率的来源包括技术进步、组织创新、生产创新等，因而本书选取全要素生产率（TFP）作为衡量各省（自治区、直辖市）技术进步水平的重要指标，其中预测变量除了人力资本构成（RLZB）、产业结构（CYJG）、外贸依存度（Trade）之外，还引入了新的变量，具体包括：用各省（自治区、直辖市）研究与实验发展经费占地区生产总值的比重来衡量该地区技术资金投入比例（R&D）、用各省（自治区、直辖市）实际外商直接投资额与地区生产总值的比重（FDI）来衡量对外开放程度。

为满足合成控制法的基本要求，本书选取1994—2015年中国31个省（自治区、直辖市）的数据来分析东北老工业基地振兴政策对东北地区经济发展与技术进步水平的影响。其中，由于本书探讨东北地区整体的政策效应，所以将东北三省作为一个整体，去除3个省份个体异质性，以衡量政策对地区发展的影响。本书数据来源于国家统计局、地方统计局、《中国统计年鉴》、各省（自治区、直辖市）的统计年鉴、各省（自治区、直辖市）的统计公报、《中国科技统计年鉴》、《中国人口和就业统计年鉴》。

二、实证结果分析

根据合成控制法的模型估计，以东北地区为实验组，将剩下的28个省（自治区、直辖市）作为对照组。本书首先从经济增长角度进行实证分析，将地区生产总值增长率作为模型1的产出变量，从上述指标中选取5个基础变量作为模型1的预测变量（不考虑东北地区的需求结构与分配结构），合成的虚拟东北的权重组合由4个省份组成，其中湖北省的权重最大，达到0.419；新疆其次，为0.352；天津市的权重为0.188；河南省权重最小，为0.041；其余未提及的省份权重为0。表2-2报告了2003年施行东北老工业基地振兴政策之前真实东北与虚拟东北的相关预测变量的对比情况。

表2-2　模型1预测变量对照表

预测变量	真实东北地区	虚拟东北地区
政府规模（GOV）	0.1113187	0.1136961
产业结构（CYJG）	0.3555556	0.3842076
所有制结构（SYZ）	0.2577225	0.2579356
人力资本（RLZB）	0.0054782	0.0054793
外贸依存度（Trade）	0.2119856	0.2123314

首先，从表2-2来看，虚拟东北地区与真实东北地区的预测变量差异程度较低。其中差距最大的指标为产业结构，差异为0.03。由此可见，4个地区的加权指标能够很好地拟合政策施行之前的东北地区。图2-13显示了真实东北与虚拟东北在1994—2015年的地区生产总值增长率情况。1998年之后真实东北与虚拟东北的拟合程度非常高，满足合成控制法对共同趋势的基本要求。2003年政策实施后，2004—2009年期间，虚拟东北与真实东北地区生产总值增长率均呈上升趋势，整体走势虽然存在较高的一致性，但真实发展状况始终略高于合成地区，说明除去东北地区自身的发展惯性之外，东北振兴政策对经济增长起到了一定作用，尽管政策效果微弱。但自2009年开始，真实与虚拟东北的地区生产总值增长率均出现了明显的下降，且真实发展情况明显低于合成地区。图2-14显示了真实东北与虚拟东北地区的地区生产总值增长率的差距。显然，自2009年开始，两者的差距为负，且有进一步扩大趋势。这表明，东北振兴政策在短期内对经济增长确实有促进作用，但长期来看，经济出现下行，政策效果不明显。

其次，为进一步考察经济结构改善对东北振兴效应的影响，我们构造模型2，该模型在上述预测变量的基础上加入固定资产投资额占比（GDZC）、城镇居民人均消费支出占人均地区生产总值份额（XF）、在岗职工工资增长率（SR）3个指标，显然，这些指标在东北振兴政策实施以来均出现了明显的改善，因而用这些指标来反映东北地区需求结构与分配结构对东北振兴效应的影响。构成虚拟东北地区的权重组合同样

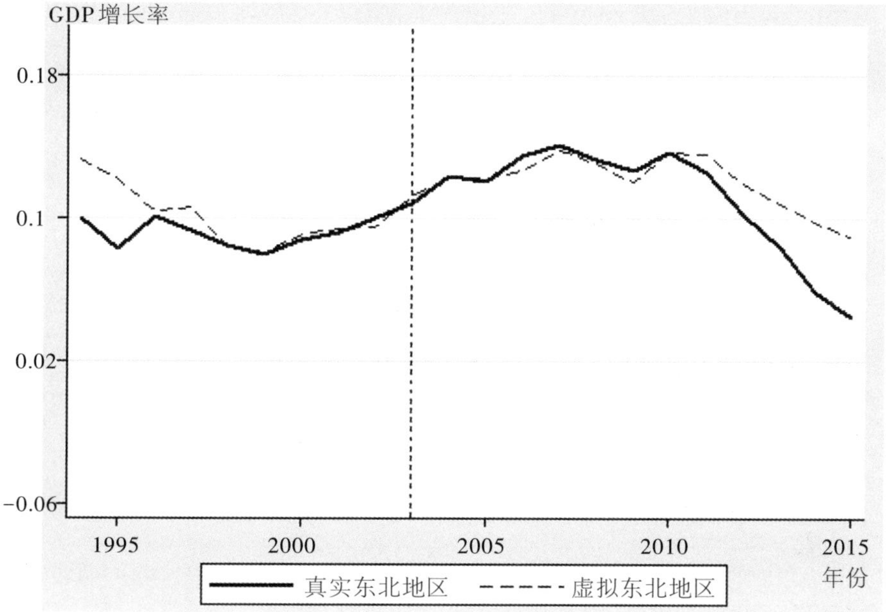

图2-13 模型1真实与虚拟东北地区生产总值增长率

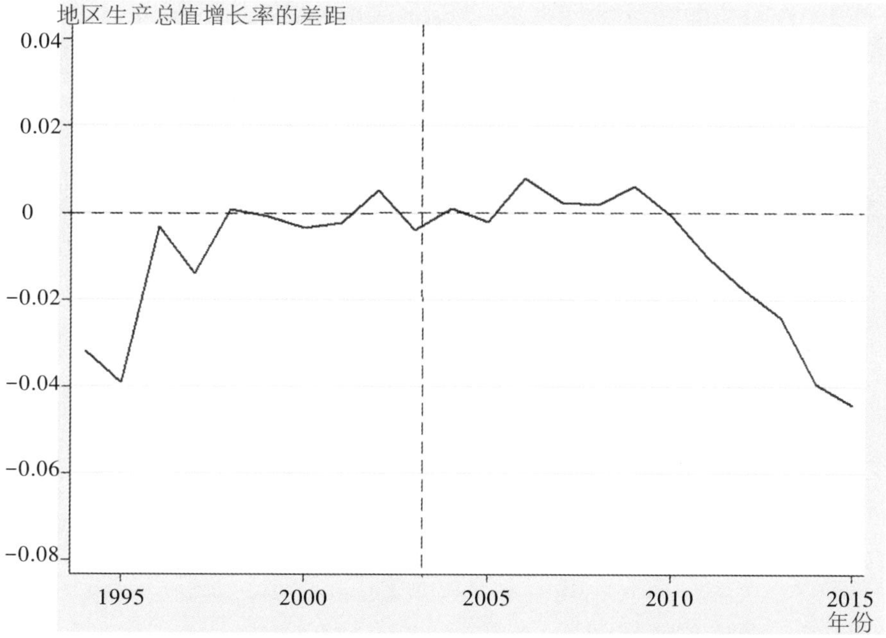

图2-14 模型1真实与虚拟东北地区生产总值增长率差距

由4个省份组成，其中新疆权重最大，达到0.487；其次为河北省，权重为0.269；河南省为0.197，天津市为0.047。表2-3显示了真实东北与虚拟东北的相关预测变量的对比。从表中结果来看，在加入上述三个指标之后，个别指标拟合偏差较大，其中城镇居民人均消费支出占人均地区生产总值份额的差距最大，达到0.14。虽然模型2的预测变量对照情况不如模型1，但总体上能够很好地衡量真实东北各项指标的发展均值。

表2-3 **地区生产总值增长率预测变量对照表**

预测变量	真实东北地区	虚拟东北地区
固定资产投资额占比（GDZC）	0.2845328	0. 3870072
城镇居民人均消费支出占人均地区生产总值份额（XF）	0.499682	0. 642895
在岗职工工资增长率（SR）	0.1314571	0. 1341655
所有制结构 （SYZ）	0. 2577225	0. 2536995
产业结构（CYJG）	0.3555556	0. 3555391
人力资本（RLZB）	0.0054782	0. 0036175
政府规模（GOV）	0.1113187	0. 1116742
外贸依存度（Trade）	0.2119856	0.1278111

图2-15显示了模型2真实东北地区与虚拟东北地区1994—2015年的地区生产总值增长率情况。总体来看，真实东北与虚拟东北的拟合程度较好，1996年之后两者具有明显的共同趋势，2003年施行东北振兴战略之后，政策效应并没有马上凸显。自2006年开始，政策开始发挥作用。虽然地区生产总值增长率在此区间内出现明显波动，且在2009年经济增长速度出现了明显下滑，但总体来说，真实东北地区的地区生产总值增长率高于虚拟东北地区。这一现象终结于2012年，伴随着东北经济的下滑，虚拟东北地区的地区生产总值增长率高于真实东北地区，政策效应被削弱。

最后，为进一步说明东北振兴政策对东北地区带来的政策效应，我们绘制了图2-16。图2-16展示了真实东北与虚拟东北地区生产总值增

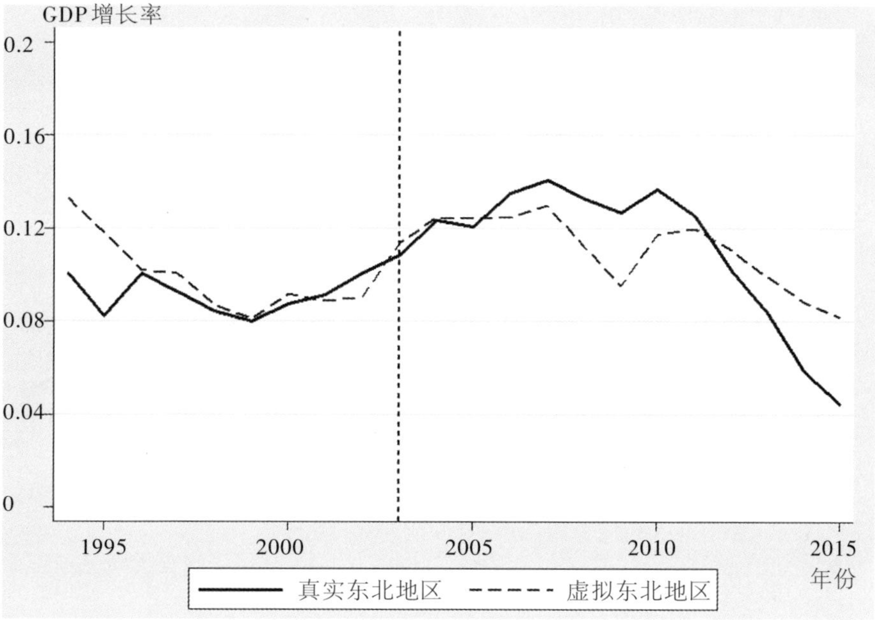

图2-15 模型2真实与虚拟东北地区生产总值增长率

长率的差距，2006年之前，两者差距在-0.05至0.01之间波动，2006年之后，两者差距由负转为正，说明真实东北的地区生产总值增长率高于虚拟东北。这一现象在2012年之后出现了明显改变，地区生产总值增长率差距为负，且差别逐年扩大，2012年到2015年间真实东北地区与虚拟东北地区的地区生产总值增长率的差值平均每年减少2.3%。

从上述结果看，在加入需求结构和分配结构指标之前，东北的政策效应有效期持续至2009年，但加入了需求结构和分配结构指标之后，东北的政策效应有效期持续至2012年。因此我们可以初步认为，东北振兴政策在短期内确实带动了东北地区经济的发展，但这一发展依赖于东北地区的结构改善。但从长期来看，该政策效应并不持久，这是由于经济结构虽然在短期内出现了改善，但这种改善是在传统发展模式基础上的改进，根本障碍并没有去除，深层次问题依旧存在。由于2008年在爆发了国际金融危机，因此我们推断2009年之后经济增长速度减慢一定程度上受到了金融危机的波及。

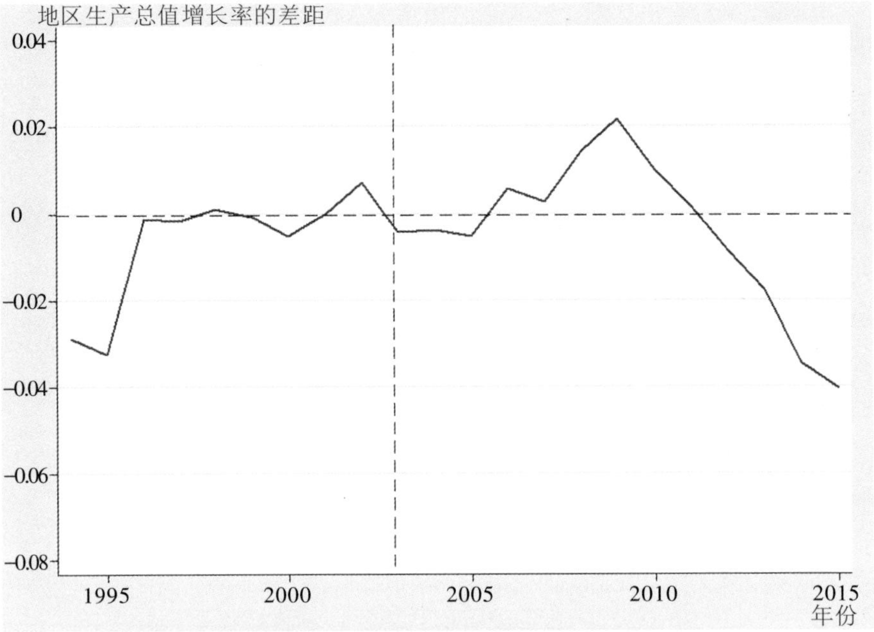

图2-16 模型2真实与虚拟东北地区生产总值增长率差距

三、稳健性检验

虽然通过合成控制法得出的结果显示真实东北与虚拟东北在地区生产总值增长率样本上存在差异，在实施政策之后，东北地区的经济增长速度也呈现出先增长后下降的趋势，但这种差异究竟是偶然因素还是由东北老工业基地振兴政策所带来的呢？我们还需要进一步验证。因此，为确保本书结果的可靠性，本书从两方面进行稳健性检验，首先通过时间、地区及排列检验的方式进行安慰剂检验。其次更换模型指标，将产出变量更换至全要素生产率，从技术进步角度对东北振兴政策效果进行评估检验。

(一) 时间安慰剂检验

本书的时间安慰剂检验思路借鉴 Abadie 的基本方法（Abadie，2015），我们将东北地区实施“振兴东北老工业基地”政策由实际发生时间2003年往前推至1998年，假定东北地区在该时点施行政策，并运用合成控制法检验政策施行的效应。若预测结果与真实结果两者不存在明显区别，则意味着上述预测真实可靠；反之，则说明上述预测结果具有偶然性。图2-17显示了时间安慰剂检验结果。如图所示，1998年前后，真实东北与合成的虚拟东北的地区生产总值增长率虽然存在细微差别，但并没有出现明显的差异，且两者走向大致相同。由此可见，即使政策提前至1998年也并没有带来政策效应，可以说明上述结果能够很好地反映政策实施给东北地区带来的效应，合成控制法的预测结果并不具有偶然性，有潜在预测能力。

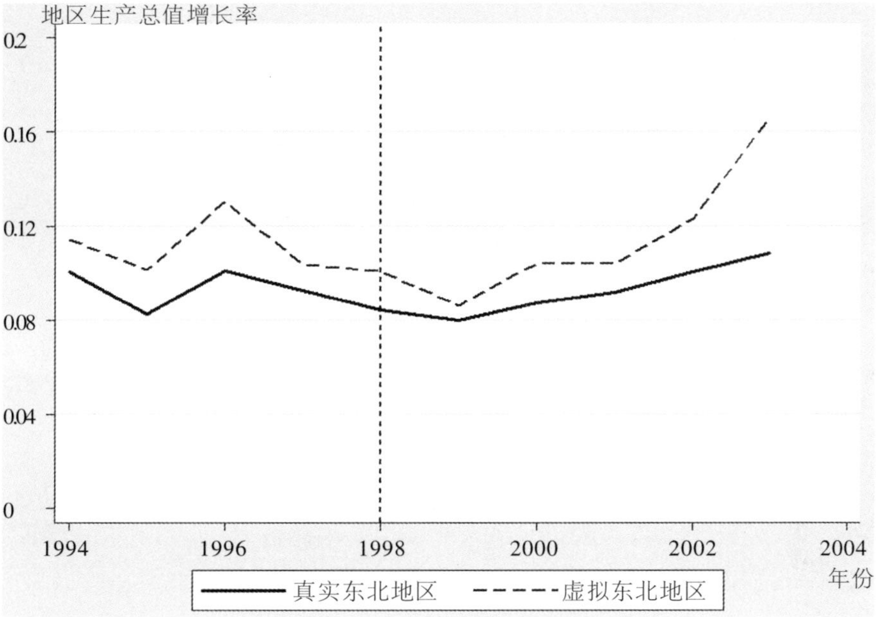

图2-17　时间安慰剂检验结果

（二）地区安慰剂检验

地区安慰剂检验方法同样借鉴Abadie的基本思路（Abadie，2003）。本书在控制组中选取一个没有实施该政策的地区，假设该地区于2003年实施振兴政策，运用合成控制法估计2003—2015年政策实施带来的效应，对比假想地区与东北地区的政策效应。若假想地区在政策实施后真实地区生产总值增长率与虚拟地区生产总值增长率不存在明显差异，则意味着合成控制法得出的结果绝非偶然，具有很强的预测性，也进一步证实了政策实施给东北带来的效应；反之，则说明预测结果不具有较强的可信性，有待于进一步修正。本书选取合成权重最大的新疆地区作为处理组，其余地区统一放置于控制组中。图2-18显示了地区安慰剂检验结果，真实新疆与合成的虚拟新疆的拟合程度虽然不高，但可以明显看出真实新疆与虚拟新疆的地区生产总值增长率走向大致相同，虽有小幅波动但没有明显差距。因此，我们进一步证实了东北振兴政策对地区经济发展状况的影响，并不存在其他共同的偶然因素促使地区生产总值增长率的变化。

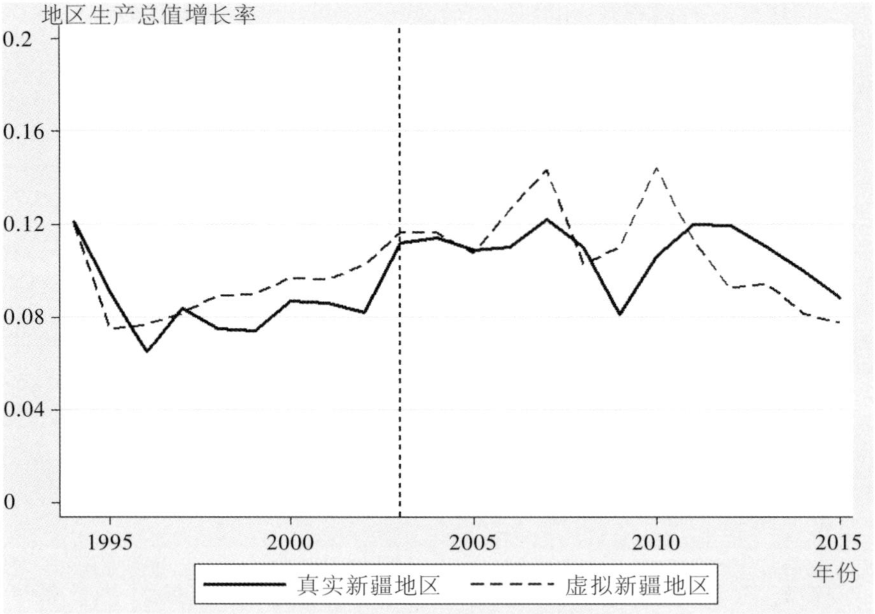

图2-18 地区安慰剂检验结果

（三）排列检验

为进一步证明合成控制法预测结果的稳健性，本书采用第三种检验方式，即Abadie于2010年提出的排列检验方法。该方法的基本原理是假设控制组中的其他地区分别于2003年实施了东北振兴政策，再通过合成控制法预测每个地区的合成情况，计算每个地区的政策实施效应，最后比较东北与控制组其他地区的政策效应。依照Abadie的经验方法，我们在控制组28个省（自治区、直辖市）中剔除2003年政策施行之前平均预测标准差（MSPE）是东北地区2倍以上的地区，控制组中剩余26个省（自治区、直辖市）。由此得到图2-19，该图展示了26个省（自治区、直辖市）与东北地区预测误差分布图。2003年政策实施之前，所有样本的预测误差基本一致，2003年之后，东北地区与其他样本地区的预测误差仍保持这不大的差距，且这一情况一直延续到2013年，之后东北地区才与其他地区逐渐分离，且呈现出的地区生产总值增长率的差距小于0且渐趋下行，总体位于偏下位置。因此我们可以认为，东北振兴政策确实对东北地区经济增长产生了一定影响。

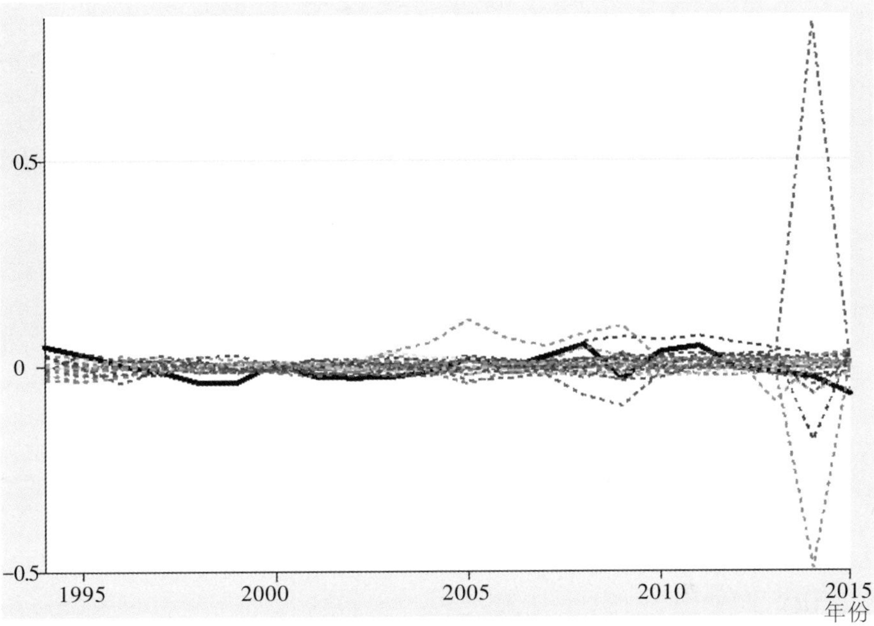

图2-19 排列检验结果

通过上述几种检验结果，我们可以认为，“振兴东北老工业基地”政策对东北地区经济增长有显著的影响，且这种影响是分阶段的。第一阶段为2006—2012年，政策的施行对东北经济起到了积极的促进作用，经济增长速度显著提高。虽然自2009年开始，经济增长出现下行趋势，但整体来说政策效应的余温依旧存在。第二阶段为2013年之后，政策的实施并未推动经济增长，政策效应并不明显，这是由于东北地区经济结构失衡阻碍了政策效果的释放，拖累了经济增长。

(四) 技术进步视角

以上模型均是从经济增长角度进行的，为保证本书对东北老工业基地振兴政策评估的全面性，本部分拟从技术进步角度入手，继续构造模型3，探究东北振兴政策对地区技术进步的影响。由于全要素生产率（TFP）是衡量地区技术进步水平的重要指标，本书将全要素生产率作为模型3的产出指标。在全要素生产率的计算过程中，本书选取各地区固定资产投资额、就业人口数量作为投入变量，将各地区生产总值和财政收入作为产出变量，根据DEA模型中Malmquist指数方法计算得出各省（自治区、直辖市）1994—2015年间的全要素生产率的增长率。在预测变量的选择上，除了上文提到的基础变量（人力资本、产业结构、对外开放）之外，还增加了技术研发投入占地区生产总值比重、外贸依存度两个指标。3个省市构成虚拟东北地区的控制组权重，其中河北省权重最大，为0.485，天津市和河南省其次，分别为0.335和0.18。表2-4进一步展示了2003年政策实施之前真实东北地区和虚拟东北地区TFP值的对比情况。由表中情况可知，真实东北地区与虚拟东北地区的预测变量较为贴近，差异不大，拟合情况较好。

表2-4 **TFP预测变量对照表**

预测变量	真实东北地区	虚拟东北地区
技术研发投入占比（RD）	0.0077267	0.0084584
人力资本（RLZB）	0.0056007	0.0054664
产业结构（CYJG）	0.3555556	0.3555719
对外开放 （FDI）	0.0408873	0.0601177
外贸依存度（Trade）	0.2119856	0.2804621

图2-20和图2-21展示了真实东北与合成的虚拟东北1994—2015年TFP增长率的发展情况及两者的差距。政策实施之前，真实东北与虚拟东北地区的TFP增长率走向大致相同，拟合情况较好，满足合成控制法具有共同趋势的基本要求。总的来说，2003年“振兴东北老工业基地”政策施行以来直至2009年，虽然政策效应并不明显，但是真实东北地区的TFP值始终大于虚拟东北地区的TFP值，而2009年之后，该情况出现了颠覆性改变，真实东北地区的TFP值在下降的同时低于虚拟东北地区。这说明东北振兴政策对该地区技术进步水平具有一定影响。从短期来看，该政策确实促进了东北的技术进步，但从长期来看，却造成了技术水平的下降，本书推断是由于2008年国际金融危机对中国的影响使得东北地区技术进步水平下降。[①]

① 因篇幅限制，对此感兴趣的读者可向作者索取结果报告。

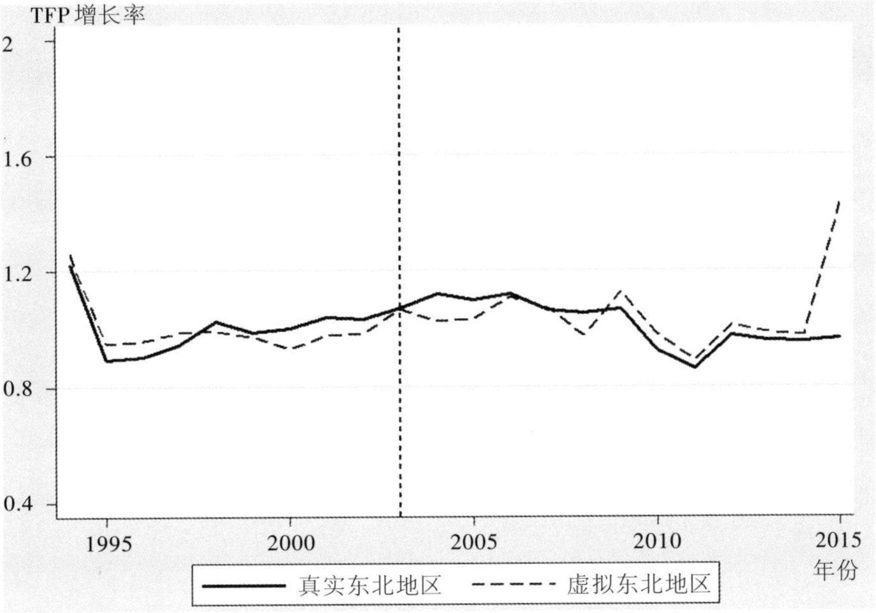

图2-20 真实东北与虚拟东北的TFP值

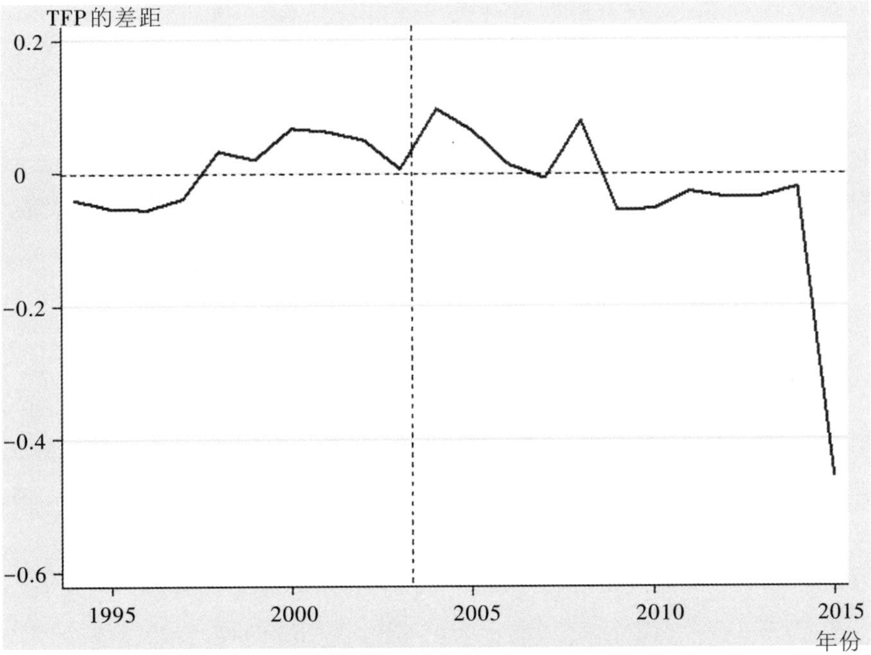

图2-21 真实东北与虚拟东北TFP的差距

第四节 新一轮东北振兴政策的优化路径

上述实证分析表明，东北振兴政策长期效果发挥不佳并不是政策导向所致，而在于东北地区固有的结构性矛盾，东北地区经济结构的失衡是造成东北地区经济下滑、政策效应无法彻底释放的根源。为缓解东北地区经济下行压力，推动东北地区经济企稳向好，国家于2016年启动了新一轮东北振兴政策。本书基于东北经济发展的问题和矛盾，为改善东北地区经济结构，促进东北经济触底反弹提出政策建议，旨在缓解地区结构性矛盾，推动地区经济发展。

一、树立科学的振兴观

东北振兴10年的成绩不容抹杀，同时东北经济下行压力也不容忽视。对当前东北经济形势要科学看待，既不能妖魔化东北经济，对振兴丧失信心，也不能对振兴盲目自信，急功近利。新一轮振兴不能再沿用老的发展思路，要构建体制，创立新机制，以新思想促进新体制、新机制的形成，走出一条老工业基地调整、改造和振兴的新道路。新一轮东北振兴要遵循科学发展观的指导，树立科学的振兴观。何为科学的振兴观？具体要遵循六个方面，即长期振兴观、全面振兴观、市场振兴观、创新振兴观、民本振兴观、自主振兴观。

首先，长期振兴观和全面振兴观是东北振兴的基础。东北振兴不是一蹴而就的，而是需要我们在不断摸索实践中实现进步。德国鲁尔工业区、美国匹兹堡老工业区都经历了几十年艰难而又漫长的转型之路，从生产力布局到结构转型，从环境管理到城区规划建设，无不体现着振兴过程的复杂与艰辛。东北老工业基地的振兴也不能急于一时，东北的振兴不是某一产业、某一领域的振兴，而是需要三产协调，城乡统筹，大中小企业均衡发展。东北的振兴需要在考量东北现实的基础上借鉴欧美老工业区成功转型案例的经验成果，全面推动东北地区的经济发展。

其次，市场振兴观和创新振兴观是东北振兴的途径。东北老工业基地的建立依靠的是计划经济，虽然经过改革开放40多年的洗礼，计划经济体制对东北地区的影响已经微乎其微，但东北地区市场的力量仍未完全发挥，所以必须依靠市场机制实施振兴，真正使市场在资源配置中起到决定性作用。依靠市场的力量，充分释放市场活力，促进各类市场主体竞相迸发发展活力。振兴的本质是创新，因此要依靠创新驱动发展。过去东北地区的经济发展主要依靠投资拉动，现阶段东北经济的发展不能依靠传统发展方式，而要通过创新驱动发展新兴产业，打造新的经济增长点。

最后，民本振兴观和自主振兴观是东北振兴的目标。伴随着我国进入经济新常态，过去的“唯GDP”的粗放式发展模式难以为继，当下中国的经济发展除了对经济绩效的考察之外，更多需要关注的是民生建设与生态环境建设。东北振兴也是如此。东北的振兴需要以人为本，真正把民生建设和生态环境保护作为政府工作的基本出发点，将人民生活水平的提高作为衡量振兴效果的主要标准，让百姓在振兴中得到实惠。同时，东北振兴需要依靠自身的力量，发掘自身优势，发挥自身长处，让亮点更亮，强处更强。

二、深化供给侧结构性改革

我国过去的发展政策均侧重于需求侧视角，虽然促进了经济增长，但伴随着经济发展进入新常态，过去的需求侧发展策略显然无法满足当下中国经济发展要求。东北地区的发展更是如此，随着人民生活水平的日益提高，需求结构的变化导致东北地区的供给已经无法满足人们的需求。供给侧结构性改革，针对的就是当前供需结构失衡的问题。习近平总书记2017年3月7日在参加辽宁代表团审议时强调“要推进供给侧结构性改革，推进国有企业改革发展，深入实施东北老工业基地振兴战略，全面做好稳增长、促改革、调结构、惠民生、防风险各项工作”[①]。习近平总书记的重要讲话为东北地区的振兴指明了发展方向与路径。东北地区的供给侧结构性改革不是一般意义上的“三去一降一补”，而是立足于东北地区实体经济与虚拟经济发展情况基础之上的深化改革。

① 许晟，张非非．习近平总书记在参加辽宁代表团审议时的重要讲话引起热烈反响［EB/OL］．(2017-03-08)．http：//www.xinhuanet.com//politics/2017-03/08/c_129503714.htm．

第一，加快推进去产能。东北目前的产能过剩主要集中于实体企业。这是由东北地区长期的投资驱动发展模式所致，东北10年振兴，总体上投资拉动扩大总量的“加法”做得多，而淘汰落后产能的“减法”做得少。长期的投资带来的最主要特色就是产能扩张，东北地区的过剩产能主要集中在煤炭、钢铁、能源等传统重工业，全球化战略的推进并没有缓解东北地区的产能过剩，反而使东北地区的能源重工行业丧失优势，渐趋衰落。当前，东北地区必须改造提升传统产业，改变原有的单一结构，通过主动压减、转型转产等方式化解东北地区的产能过剩危机，为实体企业创造发展活力。

第二，有效化解库存。东北地区的去库存不仅是去除落后产能生产出的过剩库存，更应该把重点放在房地产去库存方面。东北三省是全国范围内房地产去库存任务最重的区域之一。据统计，全国住宅用地平均去化周期为2.9年，东北地区为7.3年，而广东省只有1年。由此可见，东北三省是全国房地产库存积压最为严重的地区。因此，东北地区应该合理配置土地资源，优化住房供应结构，降低购房成本。与此同时，东北地区还应加大户籍制度改革力度，将农村剩余人口转移到城市中来，鼓励农民在城里购房置业，化解东北地区的房地产库存危机。

第三，切实落实去杠杆。“杠杆”是一把“双刃剑”，适度的杠杆对实体经济有益，但如果杠杆率过高，债务增速过快，杠杆反而会拖累实体经济发展。东北地区要想真正做到“去杠杆”，首先必须把实体经济做实做强，实体经济是发展的动力源泉和坚实基础，如果没有实体经济的充分发展，虚拟经济也将难以健康发展。实体经济中高杠杆的主要原因在于存在大量的产能过剩，只有通过市场机制消化落后产能、淘汰僵尸企业，促进产业结构升级换代才能逐步实现降杠杆。换句话说，为了稳住资产泡沫与高杠杆的虚拟经济，通过提高生产率不断发展实体经济是唯一出路。同时，东北地区应该加强金融机构杠杆管理，深化投融资体制改革，严格控制政府债务，通过直接融资以及市场化、法治化的债转股等综合方案，有效防控和化解企业过高杠杆率。

第四，全力推动降成本。东北地区的降成本需要以政府为主体，进行机制体制改革。在这一过程中，需要充分发挥市场在企业成本形成过程中的作用，减少市场中因人为设置界限而产生的交易费用。推动落后产业升级，通过技术创新优化企业生产方式，减少中间生产过程的浪费。同时，企业内部也应贯彻实施战略成本管理理念，加强企业的自我管理与自觉规划，将成本节约贯穿于企业经营管理过程中。

第五，补齐区域发展短板。首先，东北地区需要完善基础设施建设，加强公共物品供给；其次，继续实施精准扶贫、精准脱贫，加大东北贫困地区建设，建立扶贫改革试点；最后，围绕东北地区主导产业，补齐基础零部件、基础工艺、基础材料和技术等短板，提升配套能力。同时，生态环境保护也是东北地区实现可持续发展的重要保证，伴随能源资源的耗尽，东北地区出现了大量的资源枯竭型城市，这更需要我们加大生态环境保护力度，减少资源开采。

三、促进经济结构转型升级

东北地区经济下行由诸多因素导致，诸如“资源型衰退”、“结构性衰退”和“体制性衰退”。事实上，东北地区退出计划经济体制已有几十年，但体制惯性仍然影响着东北地区的发展，最直观的影响就是独具东北特色的经济结构，而结构性衰退又导致了资源型衰退的出现。东北地区的结构性矛盾不仅使得众多城市出现资源枯竭，而且制约了东北振兴政策效应的发挥。因此，东北地区经济下行的根本症结在于经济结构的失衡，这就要求以新一轮东北振兴来促进经济结构转型升级。

首先，深化国有企业改革。近年来，伴随着东北地区国企改革的不断推进，国有企业比重逐步降低。当下东北地区的国有企业比重虽较低，但实力有待提高。大批国有企业退出历史舞台后，民营企业并没有及时出现、弥补空白，这就导致东北地区企业界出现青黄不接的现状。深化国有企业改革，一方面是要在某些重要领域，把国有企业做大做强，增强国有企业的控制力与影响力；另一方面，在某些落后的传统产业领域，应当充分发挥市场的作用，通过企业兼并与重组，淘汰落后企业。与此同时，东北地区需要大力发展民营经济。有关部门需要颁布相关规章制度，减轻民营企业贷款压力，优化营商环境，引导民营企业进入未明确限制和禁止的领域，推动民营企业与国有企业共同建立配套协调机制，形成国有经济与民营经济协调发展的共赢局面。

其次，促进产业结构优化升级。东北地区特殊的历史条件和独特的资源禀赋决定着该地区的产业发展倾向于重化工业。伴随着近些年东北地区的产业结构调整，东北地区的第二产业比重逐渐下降，第三产业比重逐渐上升，但仍然落后于全国平均水平。其落后不仅仅体现在比重上，还体现在质量上。因此，东北地区需要将高新技术产业作为发展重点，加大科研投入力度，增加科研成果转换率，逐步将过去低附加值产业转变为高附加值产业。地区的技术创新要求东北地区的发展必须注重人口结构的调整，这主要体现在人力资本方面，东北地区需要增加科研技术人员工资，吸引创新型人才流入东北。同时，东北地区亟须转变传统的粗放式发展模式，过去的高耗能、高污染、高成本的发展模式已经无法适应新常态下的经济发展。这要求东北地区在发展过程中合理利用生态资源，强调资源的循环再生性。

最后，推动需求结构优化调整。东北地区的经济发展主要依赖于投资，但随着近年来东北地区投资率的下降，东北经济也走向了滑坡。相比之下，消费与出口对东北地区经济发展的贡献率并不高，据统计，辽宁省的出口比重不足广东省的1/5，消费水平也更不及发达地区。因此，推动东北地区需求结构的优化调整是东北经济复苏的重要条件。新一轮东北振兴不能继续依赖投资对经济的作用，而需要发挥出口与消费的作用。第一，要推进贸易转型升级，具体表现在实施贸易便利化措施和国际贸易服务体系的完善两方面。第二，在消费方面，需要进一步完善分配结构，使企业与个人财富扩大，以此来促进东北地区消费水平的提高。

四、优化政府与市场关系

东北地区是最早进入计划经济体制，也是计划经济实施最彻底的地区，这就致使东北地区即使在退出计划经济体制之后，政府对地区经济仍起到主导作用，市场在经济运行过程中的作用无法完全释放。东北地区经济结构出现问题的根本原因在于不健全的政府与市场关系。因而，东北老工业基地的振兴根本在于优化政府与市场的关系，发挥市场在资源配置中的决定性作用，同时更好地发挥政府的作用。

第一，发挥市场在资源配置中的决定性作用。习近平总书记指出，使市场在资源配置中起决定性作用，其实就是贯彻了问题的导向。经过东北这些年的实践，虽然市场经济运行在不断完善，但仍出现了不少问题。比如经济体内仍存在束缚市场主体活力、阻碍市场和价值规律充分发挥等因素。如果不能把这些弊端加以解决，东北地区的经济结构将无法调整，经济发展方式也将无法转变。目前，东北地区的经济运行正处于过渡性阶段，既包含过去经济制度的干预，又有市场的运作蕴含其中。对此，我们要坚持社会主义市场经济的改革方向，遵循市场经济发展的一般规律，从深度和广度上推进市场化改革，减少政府对微观经济活动的直接干预及对资源的直接配置，让市场发挥更多的作用，促进社会形成公平竞争的市场机制。只有这样，企业和个人才能拥有更多活力与空间去发展经济、创造财富，实现资源配置效益最大化、效率最优化。

第二，改善政府治理，更好地发挥政府作用。习近平总书记强调，科学的宏观调控，有效的政府治理，是发挥社会主义市场经济体制优势的内在要求。想要更好地发挥政府作用，就要切实转变政府职能，深化行政体制改革，创新行政管理方式，提高公共行政能力，完善宏观调控体系，加强市场活动监管，加强和优化公共服务。过去几十年的计划经济体制导致东北地区政府机构行政体系繁杂，存在官僚风气，办事拖延，运行效率低下。更重要的是，改革开放之后，处于垄断地位的国有企业改革动力不足，仍习惯于国家政策兜底，掌握着大部分资源。对此要求各级政府始终做到严格依法行政，坚决克服政府职能错位、越位、缺位等现象。切实履行职责，做到该管的事情管好，该放权的时候要放到位。同时各级政府要做到始终把人民的利益作为政府工作的出发点和落脚点，造福于民，切实提高人民的生活水平，实现社会公平正义，促进老百姓共同富裕。

微观基础篇

第三章　东北地区非公有制企业转型升级问题研究——以辽宁省为例

2015年是辽宁省经济艰难前行的一年，“新东北现象”表面看起来是外需乏力、投资效应趋弱带来的经济减速冲击，实际根源是东北经济进入新常态与老工业基地旧体制之间矛盾的激化。国有经济比重过大、服务业比重过低、开放型经济水平较低等是制约辽宁省经济发展的主要问题。在辽宁省的经济结构中，非公有制企业越来越发挥着主力军的作用，改革开放以来，非公有制企业已经成为辽宁省经济结构的重要组成部分，《辽宁省统计年鉴》的数据显示，其产值年均增长率达到9.9%以上。要想获得新的经济增长点，解决“新东北现象”，突破口在于如何更加有效地发挥非公有制企业的创新活力、实现非公有制企业的转型升级。

在组织行为学领域，企业转型升级被定义为一种组织转型，即组织为了实现形式、结构和性质上的彻底变革，而进行的重塑组织形态和提升创新能力的行为。20世纪90年代，对企业转型升级的研究开始被纳入全球价值链的分析框架之中，Gereffi认为企业转型升级是企业不断迈向更具盈利能力的技术密集型经济领域的探索过程，Poon指出企业转型升级就是企业成功地从低价值产品向高价值产品生产转移的过程，Humphrey和Schmitz认为企业转型升级意味着企业通过提升技术能力和市场能力，从而进行高附加值的生产活动。近年来国内也出现了大量关于企业转型升级的研究，主要有两种不同观点：一种是将转型升级看成一个整体，如张波认为企业转型升级就是企业利用潜在机会，进行技术升级，从一个战略转向另一个战略，不断创造竞争新优势的过程；另一种则从“转型”和“升级”两个视角进行表述，如单东认为转型是指企业内部生产关系的优化，而升级则是指生产力提高或技术进步。总之，企业转型升级是一个涉及技术、体制、利益和观念等各个方面的深刻、系统性转变过程，而在此过程中，企业创新能力在企业转型升级行为中起到最为关键的作用。

国内外文献关于企业如何进行转型升级的研究主要从影响因素、模式和路径三个视角展开。在影响因素方面，Winter认为企业文化和企业家的创新精神非常重要，更加进取和充满活力的企业文化能加速企业的转型升级过程；Gans和Stern则更加强调政府的“援助之手”，认为如果政府能够营造更好的创新环境会有利于企业实现转型升级；吴家曦和李华燊把影响企业转型升级的因素分为拉动因素和推动因素，其中拉动因素包括企业战略、当前形势和市场渠道，推动因素包括市场竞争、生产成本和行业前景。在模式方面，最为著名的是Humphrey和Schmitz基于全球价值链的视角提出的企业转型升级四种模式：工艺流程升级、产品升级、功能升级和跨产业升级。在路径方面，主要分为两种研究思路：一种是从宏观理论出发，分析中国非公有制企业如何进行转型升级及其具体战略。林汉川从企业战略的角度研究如何实现民营企业转型升级；李锐从企业外部的体制环境、企业家精神和技术品牌等多个维度对中国民营企业进行剖析，认为激发企业家精神和政府职能创新是当前民营企业转型升级的必要条件。另一种思路则更加注重微观主体的差异性。孟凡锐总结了辽宁省企业在“中等收入陷阱”背景下转型升级的主要挑战，即收入差距、产业结构和产业组织结构不合理、国际环境恶化等；朱荣基于辽宁省小微企业的调研结果和微观数据，认为阻碍转型升级的现实问题是融资困难、政府扶持不够和人才缺乏等。

已有文献对非公有制企业转型升级问题的研究主要从企业内部治理视角出发，鲜有从体制障碍视角去剖析转型升级的阻力因素，特别是在经济新常态背景下，非公有制企业转型升级应该如何同时应对旧体制与新常态的“双重压力”，提出与解释这个问题是本书的核心内容。

第一节　辽宁省经济发展的新常态和旧体制

一、辽宁省经济新常态与非公有制企业发展状况

经济新常态的本质在于外部经济环境的变化和国家或地区内部经济转型的背景下，国家或地区经济结构与经济增长动力的顺势调整。辽宁省经济新常态主要表现为经济减速的时间更早、下滑速度更快和出口疲软。首先，与国内其他地区相比，辽宁省的新常态趋势出现得更早。自2006年开始，辽宁省经济增长率就已经开始显著下降，2015年经济下滑趋势更加明显。统计结果显示，2015年辽宁省地区生产总值同比增长2.7%，远低于2014年同期的6.2%，低于全国平均水平4.2个百分点，在全国居末位。其次，辽宁省经济新常态特征表现为出口增速明显疲软，作为东北地区唯一一个由国家规划的沿海经济带，辽宁省经济增长的外贸依存度相对较高，然而从2006年开始全省出口对经济的引擎和拉动作用在下降。对于非公有制企业转型升级而言，新常态既是一种挑战也是一种机遇。如果非公有制企业依然依赖过去的增长模式，那么必然会在经济下行压力的冲击之下面临经营危机甚至濒于破产。相反，如果能做到适应新常态，转变经营理念，做到速度与质量、成本与技术、自主发展与合作发展相统一，就能通过优化产业布局，实现企业转型升级。

当前辽宁省非公有制企业的经济表现有如下四个特征：第一，非公有制企业是推动辽宁省经济发展的重要力量。统计数据显示，2014年辽宁省非公有制企业生产总值占全省地区生产总值的比重已超过59.9%。从固定资产投资规模和发展速度来看，从2007年开始，非公有

制经济的固定资产投资规模已经超过公有制经济的固定资产投资规模，而且逐年递增，截至2013年，非公有制经济的固定资产投资规模几乎是公有制经济的2倍。从就业吸纳能力来看，个体、私营等非公有制企业已经成为该省数量最多、比例最大的企业群体，非公有制经济已成为解决就业的主渠道，提供了79.9%以上的城镇就业岗位和89.9%以上的新增就业岗位。个体、私营等非公有制企业在辽宁省经济发展过程中的重要作用与日俱增。第二，非公有制企业区域发展不平衡。虽然十几年来辽宁省的非公有制企业发展迅速，但是各地区之间差距较大，呈现出非均衡特征。2006—2013年间辽宁省三大区域——沈阳经济区、沿海经济带和辽西北地区——的固定资产投资规模都在不断扩大，但是辽西北地区的增速明显较慢。2009年以后，沿海经济带的固定资产投资规模开始超过沈阳经济区，领跑整个辽宁省。在非公有制企业的就业人数方面，沿海经济带的就业规模一直保持领先地位，而辽西北地区的就业人数几乎保持不变，这从侧面反映出该地区的非公有制企业活力不足，发展停滞。第三，非公有制企业主要分布在第三产业。《辽宁省第三次经济普查主要数据公报》显示，截至2013年年末，第三产业中非公有制企业数量31.5万个，占比超过90.0%，从业人员541.5万人，占全部企业法人单位从业人员的51.4%，资产总计44 547.2亿元，占全部企业法人单位资产总计的28.5%。第四，非公有制企业技术创新滞后。当前辽宁省大量非公有制企业处于粗糙引进和低端模仿阶段，产品多停留在传统产业，自主创新主要集中在一些非核心领域。非公有制企业技术创新滞后、创新能力不足的原因主要是多数非公有制企业没有开展有组织的科研活动。《第二次辽宁省R&D资源清查主要数据公报》显示，只有不到6.9%的非公有制企业进行了研发活动，而且非公有制企业研发经费支出总额只有9.9亿元，占全部研发支出比例仅为4.2%，支出规模较小。创新资金不足与高素质人才匮乏是非公有制企业创新能力不足的主要制约因素。在非公有制企业中，从业人员受教育程度普遍较低，高素质高学历的经营管理人才和专业技术人才缺乏，具有管理经验的专业技术人才更是稀少。

二、旧体制与辽宁省非公有制企业转型升级

（一）经济结构整体上呈现“双高”特征

作为东北老工业基地的辽宁省，由于长期受到“重工业优先发展战略”的旧体制约束，经济结构始终处于失衡状态，经济结构整体上呈现“双高”特征。一是重工业占比始终较高，2006—2013年辽宁省重工业占比始终在69.9%以上，这使得辽宁省在产业结构优化方面存在极大障碍。第三产业是非公有制企业重点发展领域，一旦产业结构调整滞后，就无法获得足够的成长空间与转型机遇，这也是辽宁省非公有制企业很难做大做强的根本障碍。需求结构偏向所带来的消费不足也成为非公有制企业转型升级的一大“硬伤”，许多非公有制企业在遭遇需求疲软的不利情形下，几乎很难获得市场推广和拓展空间，研发动力不足。二是辽宁省国有企业比重较高。虽然对于非公有制企业而言，市场环境相较以往有了很大改善，但行业和区域的不公平准入现象依然存在，难以形成公平竞争，阻碍了企业的转型升级。在强势的国有企业面前，非公有制企业尤其是中小企业不仅在地位上矮一头，在发展中更是瞻前顾后、如履薄冰。所有这些，都导致辽宁省非公有制企业的投资热情与创新动力很难和其他发达地区相比，做大做强的难度要远高于珠三角和长三角地区。

（二）计划经济思维亟待解放

与计划经济时期相比，虽然辽宁省的非公有制企业获得了长足发展，市场环境也更趋公平，但是受到计划经济思维的“路径依赖”，许多地方政府官员依然倾向于优先发展公有制经济。政府“有形之手”在经济发展过程中始终处于主导地位，使市场“无形之手”难以发挥作用，很多地方官员仍不理解或不相信市场的作用。融资渠道受阻和政商环境不友好已成为当前制约非公有制企业转型升级的主要问题。新常态下非公有制企业整体上进入非常重要的转型期，单靠自身力量是难以完成的，政府必须在其转型过程中转变思路，重新梳理和厘定政府与市场的合理界限，为非公有制企业的转型升级创造公平的竞争环境，包括构建政策法规体系、优化非公有制企业发展环境、加大融资支持力度、促

使融资渠道多元化、构建技术支持体系等。

第二节 辽宁省非公有制企业的效率测度

一、测算方法与数据说明

测算全要素生产率的方法主要有参数方法和非参数方法。本书采用DEA-Malmquist指数方法来计算辽宁省非公有制企业全要素生产率（TFP）的增长变化。与参数方法相比，该方法主要有三个优点：不需要估计具体生产函数；可以利用投入产出进行效率分析，无须考虑价格因素；计算结果可以构建面板数据模型，为下一步分析做好准备。DEA-Malmquist指数模型的基本原理是利用距离函数的比率来计算全要素生产率（TFPch），以t时期和t+1时期技术为参照，Malmquist指数可以表示为式（1）：

$$M(x_{t+1},y_{t+1},x_t,y_t)=\frac{D_t(x_t,y_t)}{D_t(x_{t+1},y_{t+1})}\times\left\{\frac{D_{t+1}(x_t,y_t)}{D_t(x_t,y_t)}\times\frac{D_{t+1}(x_{t+1},y_{t+1})}{D_t(x_{t+1},y_{t+1})}\right\}^{\frac{1}{2}} \quad (1)$$

其中，$D_t(x_t,y_t)$以t期的技术水平表示t期的效率水平，$D_t(x_{t+1},y_{t+1})$以t期的技术水平表示t+1期的效率水平，$D_{t+1}(x_t,y_t)$以t+1期的技术水平表示t期的效率水平，$D_{t+1}(x_{t+1},y_{t+1})$以t+1期的技术水平表示t+1期的效率水平。如果放松规模报酬不变的假设，技术效率变化又可以在可变规模报酬下进一步分解为规模效率变化和纯技术效率变化，使用SEch、PEch和TECHch分别代表规模效率、纯技术效率和技术进步，将式（1）转变成式（2）：

$$TFPch=M(x_{t+1},y_{t+1},x_t,y_t)=SEch\times PEch\times TECHch \quad (2)$$

本书的研究对象为辽宁省非公有制企业的全要素生产率，以全省14个地级市作为考察样本，时间跨度为2006—2013年。虽然DEA-Malmquist指数方法没有具体的生产函数，但依然以柯布-道格拉斯函数为参照系，以劳动力、资本存量为投入指标，以非公有制企业生产总值为产出指标。采用非公有制企业从业人员来表示劳动力投入量，非公有制企业固定资产投资来表示资本投入量。本书所用数据主要来自《辽宁省统计年鉴》和《辽宁省年度统计公报》。

二、基于DEA-Malmquist指数方法的全要素生产率分析

通过运用DEAP 2.1软件，基于产出导向模型可以得到辽宁省14个地级市非公有制企业的四种效率变化的估算结果（见表3-1）。从总体上看，2006—2013年间辽宁省非公有制企业的全要素生产率平均值为-8.8%，除了在2011年为正增长，其余年份都为负增长，这说明辽宁省非公有制企业产值增加主要依赖要素投入规模驱动，创新滞后程度非常严重。全要素生产率分解为技术效率变化和技术进步，从两者的数值变动可以发现，导致TFP负增长的主要原因是技术进步的拖累。结果显示，这期间技术进步平均变动为0.897，小于1，表明辽宁省非公有制企业在这一时期的技术不仅没有进步，反而出现倒退。虽然技术效率始终保持平稳，但如果技术进步停滞得不到有效改善，会对未来非公有制企业产出水平带来极大的消极影响。

表3-1 基于DEA-Malmquist指数估算的非公有制企业全要素生产率

年份	技术效率	技术进步	Malmquist指数	TFP
2006	1.062	0.817	0.868	-13.2%
2007	0.967	0.857	0.829	-17.1%
2008	0.947	0.965	0.914	-8.6%
2009	1.113	0.784	0.873	-12.7%
2010	0.972	0.905	0.879	-12.1%
2011	1.004	1.083	1.087	8.7%
2012	1.004	0.929	0.932	-6.8%
2013	1.071	0.871	0.932	-6.8%
平均值	1.016	0.897	0.912	-8.8%

辽宁省划分为三大区域：沈阳经济区、沿海经济带和辽西北地区。其中，沈阳经济区包括沈阳、鞍山、抚顺、本溪、辽阳等市；沿海经济带包括大连、丹东、锦州、营口、盘锦、葫芦岛等市；辽西北地区包括阜新、铁岭、朝阳等市。从表3-2可以看出，在技术效率方面，三大区域都呈正增长，其中沿海经济带提升幅度最大，达到38.0%；在全要素

生产率方面，三大区域都是负增长，但相对而言沿海经济带的Malmquist指数较高；在技术进步方面，三大区域都表现为技术滞后，但相对而言沈阳经济区的非公有制企业技术设备更新速度更快，而沿海经济带和辽西北地区仅仅依赖投资规模的简单追加，对技术的投入和引进还远远不够。

表3-2 三大经济区非公有制企业全要素生产率

区域	技术效率	技术进步	Malmquist指数	TFP
沈阳经济区	1.012	0.905	0.916	-8.4%
沿海经济带	1.038	0.898	0.932	-6.8%
辽西北地区	1.010	0.895	0.904	-9.6%

第三节 实证分析和政策建议

一、模型设定、变量选取与估计方法

通过上述对辽宁省非公有制企业的现实分析与效率测度发现，非公有制企业转型升级主要受制于新常态与旧体制两大因素。本书计量模型的构建主要检验两个问题：一是分析新常态与旧体制对非公有制企业转型升级的影响；二是重点考察新常态与旧体制并存情形下对非公有制企业转型升级的交互影响。因此，建立回归模型式（3）：

$$TFP_{it} = \alpha_0 + \alpha_1 NEW_{it} + \alpha_2 OLD_{it} + \alpha_3 NEW_{it} \times OLD_{it} + \alpha_4 Control + \varepsilon_{it} \quad (3)$$

被解释变量TFP表示非公有制企业的全要素生产率，根据现有文献研究成果，为了综合反映非公有制企业转型升级状况，既要考虑非公有制企业发展情况，又要从技术创新、产品创新方面进行考量，但囿于数据的可获取性，同时考虑辽宁省企业研发的特有环境，本书使用全要素生产率来度量非公有制企业的创新升级水平。NEW代表影响非公有制企业转型升级的新常态因素，根据郭旭红、邱兆林和李祺对经济新常态的实证研究，都用经济增长率减速来说明新常态的基本特征，另外陈宗胜认为经济新常态除了表现为经济增长率减速以外，出口下降、外需萎

缩也是另一个重要特征，所以本书用经济增长率和出口额的GDP占比来度量新常态因素，其中为了进一步刻画经济减速对企业转型升级的非线性影响，本书增加了经济增长率的平方项。OLD代表影响非公有制企业转型升级的旧体制因素，具体包括国有企业比重、工业占比和政府规模，其中政府规模主要用来刻画政府干预程度。“NEW×OLD”项是为检验新常态与旧体制对非公有制企业转型升级的交互影响。除此之外，还包括居民消费率、城市化率、居民受教育程度等控制变量。

现有文献对企业转型升级的实证分析主要以时间序列为主，但是时间序列具有数据较少、实证结果不稳定等缺点，为了能够更加客观准确地研究该问题，本书采用面板数据模型。面板数据包含的信息量更大，可以较好地解决遗漏变量问题，同时反映截面与时间维度特征，而且可以有效地解决变量间多重共线性的问题从而增加了估计结果的有效性。本书使用的数据主要来自《辽宁省统计年鉴》，以2006—2013年间14个地级市为研究样本。

二、计量结果分析

运用Stata 13.1软件对上述辽宁省2006—2013年面板数据进行回归分析，具体实证结果如表3-3所示。在新常态因素方面，地区生产总值与被解释变量TFP水平呈负相关，而地区生产总值的平方项则表现为正相关。辽宁省非公有制企业创新效率与经济增长水平呈U形曲线的特征，高速经济增长并没有促进非公有制企业的转型升级，2009年经济增长减速之后，下降的经济增长反而推动了企业的升级。这说明经济新常态对于辽宁省非公有制企业转型升级的机遇大于挑战，经济下行不是企业创新滞后的主要障碍，相反成为一种新的“倒逼机制”。值得注意的是，出口占比与被解释变量TFP水平呈正相关，这说明非公有制企业对外出口量的减少更加促进创新水平的提高，原因在于出口商品竞争比以前更加激烈。在旧体制因素方面，不论是国企比重、工业比重还是政府规模的系数都为负数，这说明旧体制对辽宁省非公有制企业转型升级产生了极大的拖累作用。由新常态与旧体制的交互项系数都为负可知，虽然新常态下经济减速为非公有制企业转型升级提供了动力，但是在经济下行冲击与旧体制的叠加影响之下，非公有制企业的创新环境进一步恶化，企业创新动力被削弱。当前非公有制企业创新升级的主要障碍来自旧体制的拖累效应，甚至会使企业错失经济增长转型升级所带来的“蜕变机会”。

表3-3　　基本模型估计结果

核心变量		TFP（1）	TFP（2）	TFP（3）
新常态因素	GDP	-0.016***	-0.018***	0.014***
		(-3.212)	(-3.613)	(2.423)
	GDP^2	0.125***	0.139**	0.159**
		(4.231)	(2.781)	(2.044)
	出口占比	0.117**	0.121**	0.108*
		(2.252)	(2.693)	(1.987)
旧体制因素	国企比重	-0.137**	-0.107***	-0.013*
		(-2.512)	(-2.362)	(-2.078)
	工业占比	-0.108**	-0.124***	-0.009*
		(-2.372)	(-2.674)	(-2.006)
	政府干预	-0.089**	-0.075**	0.015*
		(-2.245)	(-2.091)	(1.983)
交互项	GDP^2×国企比重	-0.233**		
		(-2.403)		
	GDP^2×工业占比		-0.209**	
			(-2.019)	
	GDP^2×政府干预			-0.132*
				(-1.991)

注：***、**和*分别表示在1%、5%和10%的置信水平下显著，括号内为t值；固定效应或随机效应模型的选择通过Hausman检验来确定。

三、稳健性检验与地区差异

为了检验研究结论的稳健性，本书进行分组检验，考虑到辽宁省各地区受新常态与旧体制影响水平的差异，本书将总样本划分为沈阳经济区、沿海经济带和辽西北地区三个区域分别进行估计，限于篇幅，新常态因素本书只考虑经济增长率，而旧体制因素仅考察国企比重，具体回归结果如表3-4所示。通过对比表3-3和表3-4，核心解释变量的回归结果基本保持不变，实证结论具有高度稳健性。分地区样本回归结果之间存在一定差异性，对于沿海经济带而言，模型（3）和（4）的回归结果显示新常态和旧体制的系数都为负，而且沿海经济带受新常态因素的冲击最大，这主要是因为在体制基础相同的情况下，沿海经济带受2008年金融危机的冲击，出口快速下滑，但与沈阳经济区和辽西北地区相比，旧体制的影响系数最小。通过对比模型（1）、（3）和（5）的回归结果可以发现，与沿海经济带和辽西北地区相比，沈阳经济区旧体制的系数最大，说明旧体制对其非公有制企业转型升级的消极影响最大；而辽西北地区因其地理位置与经济结构的差异，与沈阳经济区和沿海经济带相比，新常态与旧体制对于非公有制企业转型升级的消极影响都比较小。

表3-4　　非公有制企业转型升级影响因素的地区差异

	沈阳经济区		沿海经济带		辽西北地区	
模型	（1）	（2）	（3）	（4）	（5）	（6）
NEW	0.121***	0.123***	−0.025***	−0.012***	0.124***	−0.108***
	（3.361）	（2.891）	（−2.125）	（−1.987）	（2.361）	（−2.363）
OLD	−0.201***	−0.223***	−0.097***	−0.085***	−0.111***	−0.132***
	（−2.986）	（−3.308）	（−2.647）	（−2.806）	（−3.486）	（−5.197）
NEW×OLD	−0.214***	−0.321***	−0.161***	−0.135***	−0.173***	−0.281***
	（−2.129）	（−3.021）	（−2.069）	（−2.652）	（−2.783）	（−3.323）
F值	75.363	25.293	20.489	12.254	23.326	29.767
R^2	0.528	0.604	0.574	0.517	0.525	0.536

注：***、**和*分别表示在1%、5%和10%的置信水平下显著，括号内为t值；模型（1）、（3）和（5）代表固定效应，模型（2）、（4）和（6）代表随机效应。

第四节　主要结论与政策建议

本书基于辽宁省2006—2013年14个地级市的面板数据，检验了辽宁省非公有制企业转型升级的主要问题和影响因素。本书认为，当前辽宁省非公有制企业转型升级面临的主要问题是经济新常态的压力和旧体制的约束。计量分析结果显示，一方面，经济新常态对于辽宁省非公有制企业来说转型升级的机遇大于挑战，经济下行不是企业创新滞后的主要因素；另一方面，在旧体制的叠加影响之下，企业创新动力不但受到阻碍，而且在经济下行冲击之下进一步恶化了非公有制企业的创新环境。因此，当前非公有制企业创新升级的主要障碍来自旧体制的拖累效应。

本书的研究结论为实现辽宁省非公有制企业的可持续发展提供了重要的政策启示。首先，非公有制企业要主动调整发展思路，树立信心，适应经济新常态。2008年国际金融危机之后，宏观经济环境发生阶段性变化，虽然经济增长速度放缓成为常态，但非公有制企业依然可以通过转变发展思路，真正实现企业成长的“华丽转型”。其次，作为东北老工业基地的辽宁省，需要进一步推进国有企业改革，通过尝试搞活混合所有制，增强国有经济效率，从而保持与非公有制经济的协同发展，真正破除非公有制企业转型升级的旧体制障碍。最后，重新梳理和厘定政府与市场的合理界限，改变传统计划经济思维的政府干预，逐步构建和优化现代政府治理体系，切实转变政府职能，打造真正为非公有制企业提供良好市场环境的服务型政府。

第四章　企业家精神对东北三省经济增长影响的实证研究

当前，东北三省的经济逐渐陷入增长乏力的阶段。作为中国传统的老工业基地，东北三省产业基础深厚，虽然有国家各类先行政策大力扶持，但经济发展却面临持续失速的局面。2003年，中国实施振兴东北老工业基地的战略，但这并未带来东北三省经济的二次振兴，自2014年起，辽宁、吉林和黑龙江三省的经济增速更是落入全国倒数几位。本书结合东北三省的实际情况和内生经济增长理论，分析认为，东北三省经济增速缓慢的根本原因之一是该地区企业家精神的缺失。

经济增长始终是国内外学者研究的重点问题。20世纪下半叶以来，伴随着市场经济的潮流，企业家精神作为一种生产要素资源，已经成为影响地区经济增长的关键因素之一，并得到了越来越多的关注。中国改革开放和经济增长的过程实际上就是中国企业家阶层和企业家精神形成和发展的过程，而在计划经济转型为市场经济的过程中，东北三省对企业家精神的培育，落后于时代发展的需要。

关于企业家精神对经济增长的促进作用，国内外学者基于不同维度进行了研究。Baumol将企业家的发明与创新看作经济增长周期变化的驱动力，认为一个经济体能否实现持续增长，关键在于企业家精神是配置到创新等生产性活动中，还是配置到寻租等非生产性活动中。内生增长理论的代表人物Romer和Lucas强调了企业家创新行为导致的知识外溢效应，认为知识扩散使得其他厂商可以通过学习提高生产能力，因而企业家精神可以通过促进社会生产率的提高作用于经济增长。企业家精神对经济增长的作用也引起了中国学者的高度关注。国内学者叶勤认为，企业家精神通过创新和创业两种机制促进经济的持续增长，主要表现为企业的大量创办，以及企业内部为适应变革而进行的组织、业务和技术创新。李新春进一步发现，通过激励机制，企业家精神的发挥可以有效改善国有企业的绩效，其作用超过了产权改革和民营化。庄子银通过构建内生增长模型，证实了具有旺盛企业家精神的经济体可以获得更高的长期经济增长率和人均收入。

研究企业家精神对经济增长的积极影响，有助于破解当前的经济困境。东北三省受计划经济影响，国有企业较多，行政色彩浓厚，导致东北三省民营企业的发展空间狭小，其市场经济的发达程度也落后于东南沿海地区。受制于国有经济为主的所有制结构和较高程度的政府干预，东北三省企业家精神的发展受到较大抑制，对经济增长的促进作用也难以用单一的学说进行解释。为此，本书基于内生增长理论，将企业家精神嵌入传统的C-D生产函数，从理论机制与实证研究两个角度出发，解释企业家精神对东北三省经济增长的重要影响。

第一节　企业家精神影响经济增长的理论机制

对于企业家精神的概念，目前尚没有统一的定义，但众多学者从不同维度对企业家精神的内涵进行了界定。Schumpeter在其著作《经济发展理论》中，首次提出了“创造性破坏”（creative destruction）的概念，强调了创新在企业家精神中的核心地位，并认为首创性、成功欲、冒险和以苦为乐、精明与敏锐、强烈的事业心是企业家精神的五大要素。

Knight将企业家精神与承担风险的能力联系在一起，赋予企业家不确定性决策者的角色。Kirzner从信息不完全的角度出发，着重强调企业家对市场机会的发现识别与套利能力，从而推动市场进程的作用。不同学派对于企业家精神的理解各有侧重，又相互补充。基于已有的研究，本书将企业家精神定义为企业家通过识别市场机会，变革生产方式并承担风险，从而实现创新创业的精神及其行为。通过上述行为，个体企业实现了生产方式由落后到先进，生产效率由低到高的进步。当机会出现时，企业家经过识别、兑现，整个市场的运行效率也由此得到了提升。因此，作为组成市场的基本单位，微观企业的成长进步与效益提升，在宏观层面上的确可以反映出整个经济的增长发展。

在衡量宏观经济增长时，广泛采用的是C-D生产函数模型。通过测算产值、劳动力和资本等，得出投入与产出的关系。进行适当变换后，便可得到增长核算方程，即g_Y=g_A+αg_L+βg_K。在传统的增长理论分析中，借助这一等式，经济学家们解释了技术进步、劳动和资本投入对经济增长的重要贡献。然而，不同因素对经济增长的推动作用究竟从何而来，技术进步及资本累积究竟如何产生，始终缺乏一个令人信服的解释。本书认为，经济增长的根本动力与源泉在于企业家精神，通过影响技术进步、资本效率与就业状况，企业家精神的施展将最终实现经济的增长。

1.技术进步

转变经济增长方式的核心在于技术进步，而企业家精神对于技术进步的两种模式都施加了极为重要的影响。技术进步的第一种模式为技术模仿。后发国家的企业往往处于产业链的底端，企业家遵循比较优势，以劳动和资源的投入推动经济增长，但投入要素的生产效率不高。为了进一步提升效益，企业家面对发达国家的外部知识与先进技术，有选择地过滤、吸收和模仿，将先进的生产技术或生产方式应用到自己的企业当中，而新技术也在这一过程中得到了普及与推广。技术进步的第二种模式为自主创新。实现赶超的企业已经处于产业链顶端，没有可模仿的先进技术。此时，为了追求更大的效益，企业的研发部门将利用之前积累的人力资本与物质资本，进行自主创新。企业家精神在逐利的过程中推动了生产技术，甚至基础学科的不断进步。

2.资本效率

对市场机会的识别能力是企业家精神的一个重要组成部分。由于资源配置的不合理，信息的不完全与非对称，市场上总是存在着可以套利的机会。企业家凭借自身独有的敏锐而发现机会，在风险的权衡中有选择地冒险，最终将这些机会兑现，实现盈利。在整个套利的过程中，社会资本也朝最有效率的运行方向流动。合理的资源配置，最终将提升产出，带动整个经济的增长。同时，企业之间存在着竞争。通过价格、质量和服务的比拼，企业的生产水平必须不断进步，因为市场将最终淘汰资本利用低效的企业，而激烈的竞争将继续推动留存的企业不断提高自己的资本效率。

3.就业状况

企业的扩张发展，不但会增加就业数量，更对就业质量的提升有着积极的促进作用。当企业由产业链低端走向高端时，比较优势也从劳动密集、资源密集变为资本密集或知识密集。在这一过程中，对从事基础生产活动的劳动力需求可能会有所减少，但企业对管理型、技术型人才，以及研究开发人员的需求却与日俱增。这种需求也引导了社会教育的发展方向，有利于提高社会人才质量，进而提高就业素质。

第二节　企业家精神缺失：东北三省经济减速的根源

按照传统的增长理论，东北三省拥有良好的经济基础与持续的发展潜力。东北三省煤矿、石油和黑色金属等资源储量丰富，质量优异，为工业的持续发展提供天然的保障。作为“一五”计划的“重镇”，东北三省在苏联援建的156个建设项目中占据了58个。沈阳飞机制造厂、长春第一汽车制造厂、鞍山钢铁公司等项目创造了诸多第一。在相当长一段时间内，东北三省发达的工程技术都领先于全国。而在人力资本上，根据马玲玲测算，东北三省的人均受教育年限在全国范围内排名靠前，甚至高于传统的教育大省江苏、浙江与山东。而在国内各大城市的教育排名中，沈阳更是位居第一，显示出东北教育基础深厚，人力资本雄厚。在2007—2014年这一相当长的时间内，辽宁的人均固定资产投资领先于浙江和江苏。但反观人均地区生产总值，辽宁与浙江、江苏相比还存在相当大的差距，2003年辽宁人均地区生产总值仅为14 270元，与浙江、江苏分别相差6 174元和2 559元，之后相差数额不断扩大。2015年辽宁人均地区生产总值为65 254元，浙江和江苏则分别达到了77 643元和87 995元。

东北三省资源丰富，其技术基础、人口素质与资本存量也不亚于南方发达省份，理应有着强劲持续的增长潜力。然而事实上，具备了良好基础条件的东北三省却在经济发展上显出了疲态，陷入了传统经济增长理论的悖论。这一悖论的出现，说明单纯的技术、人力与资本等因素不足以完全解释经济增长，东北三省经济减速的背后一定有更深层次的原因。为此，本书提出了一个全新的视角：经济增长的源泉来源于企业的活力，而东北三省经济减速的根源在于企业家精神的缺失。

企业家精神的内涵丰富，拥有者也并不一定局限于狭义的企业家群体，与之相对，企业家精神的缺失，也绝非仅仅意味着企业家失去了识别市场机会的敏锐，而是体现为整个社会鼓励创新、锐意进取的风气趋弱，长此以往便失去了创新的意愿与能力。在研发经费投入的强度上，东北三省多年来均低于全国平均水平。近年来，在各省（自治区、直辖市）纷纷实行创新驱动，加大科研经费投入的大背景下，全国研发经费投入强度逐年攀升，突破了2%的大关，而原本与全国平均水平相当的东北三省却停滞不前，辽宁始终维持在1.5%左右，吉林与黑龙江则始终在1%左右徘徊，不及全国平均投入强度的一半。

东北三省对科研投入欠缺，企业自主创新的活力不够，产出自然也较低。数据显示，2015年，东北三省中获得授权专利数量最多的是辽宁，为25 182件，仅为江苏、广东的1/10。考虑到地区间研发投入的差异，本书再次考察了发明专利的投入与产生效率。结果显示，单位投入获得的授权专利数量上，江苏与广东也多于东北三省。

东北三省企业家精神缺失的原因，归根到底在于缺乏培育企业家精神的土壤。在某种意义上，计划经济在东北三省创造的辉煌历史，反倒阻碍了今日的发展。东北三省大型国有企业以传统工业为主，路径依赖与社会负担使得国有企业天然地缺少冒险创新的激励，也就注定了其转型的艰难缓慢。当前，辽宁的国有经济占比超过30%，吉林超过40%，黑龙江则超过50%，都大大高于全国平均水平。东北体量庞大的国有企业数量众多，在装备制造、医药、农业和交通运输等产业占据主导地位，大大压缩了民营企业的发展空间。2015年，即便是东北三省中民营企业最为发达的辽宁，民营企业也仅仅占六成，并且，在这为数不多的民营企业里，真正具有自生能力、适应市场环境的也较少。不少民营企业与国有企业之间存在着生产经营上的依附和体制上的“寄生”关系。2016年，全国民营企业前一百强中，东北三省仅有辽宁大连万达和吉林修正药业上榜，入选比例远低于民营企业发达的南方省份。可以说，企业家精神在东北三省生存非常艰难，既没有发挥的舞台，又被困住了手脚。

在精神层面上，东北三省的企业家精神也受到了各方面的抑制。在行政色彩浓厚的背景下，很难创造出一个利于企业家精神自主发挥，从而利于企业发展的宽松环境。没有一个法制健全、产权保护得当、金融支持便利、政府专注服务的良好环境，就无法孕育出活跃的企业家精神，长此以往，整个社会便失去了经济持续增长的活力。

第三节　数据来源、模型构建与实证检验

一、数据来源

为深入研究东北三省企业家精神和经济增长之间的关系，本书使用2003—2015年东北三省36个地级市、自治州和地区（以下简称“地级市”）的面板数据进行实证研究。本书的数据主要来源于中经网统计数据库、各地级市统计局网站、中国统计信息网、历年各省统计年鉴等。对于缺省数据采用插值、外推和替代等方法进行补齐。各变量定义描述及统计特征如表4-1所示。

表4-1　　各变量定义描述及统计特征

变量名	变量解释	观察值个数	均值	标准差
人均地区生产总值取对数	各地级市人均地区生产总值（元）	468	10.090	0.730
企业家精神取对数	私营和个体经济就业人数占总就业人数之比	452	-1.770	0.650
人力资本取对数	高中生人数占总人口数之比	425	-4.220	0.650
城市化率取对数	非农人口和总人口之比	423	-1.030	1.930
对外开放程度取对数	进出口总额占地区生产总值的比重	461	-2.620	1.410
人均社会资本量取对数	各地级市人均固定资产投资额（元）	465	9.320	1.220
所有制结构取对数	国企职工人数与全社会就业人数之比	441	-1.170	0.800
政府干预程度取对数	各地级市公共财政支出与地区生产总值之比	466	-1.880	0.440

1.被解释变量:人均地区生产总值（PGDP）

人均地区生产总值采用各地级市名义地区生产总值除以年末总人口计算得出。地区生产总值增长率、人均地区生产总值增长率和人均地区生产总值通常被用来衡量一个地区的经济增长状况，本书选择2003—2015年东北三省36个地级市的人均地区生产总值来衡量经济增长。

2.解释变量：企业家精神（E）

学者们对于如何衡量企业家精神并没有一个统一的标准。一般认为，创新和创业精神是企业家精神的核心，与之相对应的企业家创业精神的测定指标主要有自我雇佣比率、所有权比率、企业的进入退出比率和市场参与创业人数等，企业家创新精神的测定指标主要有专利数量、研发投入和万人科技活动人数等。

本书在总结相关文献的基础上，通过对不同测度指标之间的对比，考虑数据的可获得性和完整性，参考杨宇和郑垂勇的文章，把私营和个体经济就业人数占总就业人数的比重作为企业家精神的衡量指标。

3.控制变量

一个地区的经济增长状况是多种因素共同影响的结果，一个地区的受教育程度、投资情况、城市化水平、政府支出等都是影响经济增长的重要因素。因此，本书设置以下六个控制变量：

人力资本（RLZB）。借鉴发达国家过去的发展经验，如果要转变中国当前经济的发展方式，必须把当前巨大的人力资源转化为人力资本。人力资本通常使用劳动力的受教育程度和成人识字率来测算。考虑到数据的可获得性和准确性，选择高中生人数占总人口的比重作为各地级市人力资本的替代变量。

城市化率（CSH）。城市化率用非农人口与总人口之比衡量。城市是一个地区经济发展到一定阶段的产物，社会经济的发展促进了城市化进程，与此同时，城市的聚集和辐射效应又会带动地区经济的发展。因此，城市化的发展水平对于社会经济的发展具有重要意义。

对外开放程度（JCK）。一个地区的对外开放程度使用当地进出口总额占地区生产总值的比重来衡量。地区的对外开放程度越高，越容易吸引国内外资本投入，资本投入会带动当地经济发展和促进就业。

人均社会资本量（GDZC）。人均社会资本量采用社会固定资产投资总额除以人口总数计算得出。资本存量是经济发展的基础。本书使用社会固定资产投资总额作为资本存量的替代变量。在经济学理论中，投资是拉动经济增长的“三驾马车”之一，对于经济增长具有重要意义。

地区所有制结构（SYZ）。地区所有制结构用国企职工人数与全社会就业人数之比来衡量。一个地区的市场经济自由程度是影响地区企业家精神的重要因素。若地区的所有制结构中国有经济所占比重过高，则会抑制地区的企业家精神的发展，不利于经济自由化，自然也不利于当地的发展繁荣。

政府干预程度（EXP）。政府干预程度用各地级市公共财政支出占地区生产总值的比重来表示。中国正处于市场经济体制转轨过程中，在某些领域，政府还没有完全让市场发挥资源配置的决定性作用，甚至存在政府过度干预经济的问题。政府支出通过政府支出乘数作用于经济增长，政府支出的适度与否，对于地区企业家精神培育发展具有重要影响。

二、模型构建

PGDP模型见式（1）：

$$PGDP=AL^{\alpha}K^{\beta}E^{\lambda}e^{\mu} \quad (1)$$

其中，PGDP为各地级市的人均地区生产总值，L和K分别表示某地级市劳动力和资本存量状况的控制变量，E表示某一地区的企业家精神，在本书中用企业家创业精神来代替，这是主要的解释变量。根据以上基本模型，再结合其他影响因素，得到一个拓展的C-D生产函数，再在模型两边取对数得到本书回归模型，具体形式如式（2）：

$$LnPGDP_{it}=\beta_0+\beta_1 LnE_{it}+\beta_2 LnRLZB_{it}+\beta_4 LnCSH_{it}+\beta_5 LnJCK_{it}+\beta_6 LnGDZC_{it}+\mu_{it} \quad (2)$$

其中，下标i和t分别代表东北三省各地级市和年份，μ_{it}为随机误差项。

为了进一步研究企业精神与所有制结构和政府干预之间的交互影响，本书在上述基础模型之上设置两个交互项，以企业家精神和所有制结构两个指标的乘积，以及企业家精神和政府干预程度两个指标的乘积分别衡量两者之间的交互影响效果，即令$ESYZ_{it}=LnE_{it}*LnSYZ_{it}$，$EEXP_{it}=LnE_{it}*LnEXP_{it}$。因此，可以得到两个加入交叉项的拓展的回归模型的具体形式，如式（3）、式（4）：

$$LnPGDP_{it}=\beta_0+\beta_1 LnE_{it}+\beta_2 LnRLZB_{it}+\beta_4 LnCSH_{it}+\beta_5 LnJCK_{it}+\beta_6 LnGDZC_{it}+\beta_5 ESYZ_{it}+\mu_{it} \quad (3)$$

$$LnPGDZ_{it}=\beta_0+\beta_1 LnE_{it}+\beta_2 LnRLZB_{it}+\beta_4 LnCSH_{it}+\beta_5 LnJCK_{it}+\beta_6 LnGDZC_{it}+\beta_5 EEXP_{it}+\mu_{it} \quad (4)$$

其中，以β_5表示企业家精神和东北三省所有制结构和政府干预程度的交互影响。

三、实证检验

本书进行的是各个变量对人均地区生产总值对数的多元回归，这种双对数模型中每个变量对数的系数代表该变量对地区生产总值的弹性。为避免出现虚假回归，首先对面板数据中的每个变量序列的平稳性进行单位根检验。经检验发现并不都是平稳的，故再检验各个变量序列的一阶差分序列。经检验，各个变量序列在进行一阶差分之后都拒绝了原假设，说明变量序列一阶平稳。表4-2列出相同单位根检验LLC（Levin-Lin-Chu）检验和不同单位根检验ADF-Fisher检验的结果。由表4-2可知，变量序列符合一阶平稳的情况。

表4-2 **一阶差分序列的平稳性检验**

变量序列	LLC检验的t统计量	ADF-Fisher检验Chi-square统计量
DLnPGDP	−5.285***	110.593***
DLnE	−17.962***	283.559***
DLnRLZB	−86.465***	317.572***
DLnCSH	−112.096***	322.238***
DLnJCK	−12.218***	205.027***
DLnGDZC	−5.141***	130.677***
DLnSYZ	−16.580***	254.728***
DLnEXP	−25.162***	328.415***

注：以EViews 8.0软件计算，D代表一阶差分，*、**、***分别代表在10%、5%、1%的水平上显著。

本书实证检验以式（2）、式（3）和式（4）为基础，进行多元回归，并进行kao协整检验，发现变量间存在协整关系。根据Hausman检验结果可知，p=0.193，表明固定效应模型和随机效应模型在回归估计中并无差别，本书采取固定效应模型进行回归分析。为增强模型的稳健性，引入异方差估计量。基准检验的分析结果如表4-3所示。

表4-3 **基准检验结果**

变量	固定效应	随机效应	混合效应	加入ESYZ的固定效应	加入EEXP的固定效应
LnE	0.087**	0.074***	0.016	0.095**	0.183***
	（0.038）	（0.0228）	（0.021）	（0.046）	（0.059）
LnRLZB	0.007	0.003	0.003	0.009	0.021
	（0.028）	（0.028）	（0.028）	（0.034）	（0.025）
LnCSH	−0.014***	−0.013**	−0.003	−0.014***	−0.013***
	（0.004）	（0.006）	（0.009）	（0.005）	（0.004）
LnJCK	−0.030	−0.0227	0.003	−0.032	−0.027
	（0.032）	（0.014）	（0.013）	（0.033）	（0.032）

续表

变量	固定效应	随机效应	混合效应	加入ESYZ的固定效应	加入EEXP的固定效应
LnGDZC	0.487***	0.491**	0.540***	0.480***	0.503***
	(0.027)	(0.012)	(0.015)	(0.0266)	(0.034)
ESYZ	—	—	—	0.002* (0.016)	—
EEXP	—	—	—	—	0.051** (0.024)
Constant	5.623*** (0.338)	5.561*** (0.198)	5.075*** (0.202)	5.708*** (0.342)	5.540*** (0.378)
样本量	374	374	374	362	374
R^2	0.864	0.825	0.794	0.857	0.866
截面数	36	36	36	36	36

注：括号内为标准误，*、**、***分别代表在10%、5%、1%的水平上显著。

表4-3第2列给出了固定效应检验结果，R^2=0.864，说明该模型的拟合效果较好。从表中可以看出，企业家精神（LnE）在5%的显著性水平下为正，企业家精神每变化1个百分点，人均地区生产总值将变化0.087个百分点。由此表明企业家精神对人均地区生产总值虽然具有显著影响，但影响程度较弱。为进一步研究企业家精神与所有制结构和政府干预之间的交互影响，模型中加入交互项。表4-3第5、第6列分别给出了加入企业家精神与所有制结构（ESYZ）、企业家精神与政府干预程度乘积项（EEXP）后进行固定效应检验的结果。检验结果表明，在这两个变量的交互影响下，企业家精神对人均地区生产总值的影响系数都出现了明显的下降，说明以国有经济为主的所有制结构和政府干预力度较大的东北社会环境压抑了当地企业家精神的发展，降低了企业家精神对于经济增长的贡献率。东北三省较低的市场化水平和经济自由度是东北三省经济增长率长期低落的一个重要原因。此外，企业家精神与政府干预程度乘积项系数在5%的显著性水平下显著，其值大约为0.051。

在控制变量中，城市化水平和人均资本量对于经济增长具有显著的影响。由表4-3可知，城市化水平（LnCSH）在1%的显著性水平下显著，其大小为-0.014，表明城市化每变化1个百分点，人均地区生产总值将变化0.014个百分点，对人均地区生产总值的影响力度较小。东北三省的城市化水平之所以与经济发展呈负相关关系，是因为东北三省在20世纪30年代就已建成了较为完整的工业化体系，曾经是当时东北亚最先进的工业基地，中华人民共和国成立后，迅速崛起成为重工业基地，在城市化方面发展早、水平高。近些年来，东北三省工业发展起来的城市不能完全适应新形势的需要，过高的工业比重甚至对经济的持续健康快速发展产生了不利影响。回归结果还显示，在第2列固定效应模型检验中，与企业家精神相比，人均社会资本量（LnGDZC）对经济增长的拉动作用十分明显，几乎是企业家精神的5.598倍。人均社会资本量每变化1个百分点，人均地区生产总值就变化0.487个百分点，这表明增加社会投资对东北三省经济的拉动作用十分明显。除此之外，人力资本（LnRLZB）和开放程度（LnJCK）对经济增长的拉动作用并不显著。

第四节　主要结论及政策建议

一、主要结论

本书使用2003—2015年东北三省36个地级市的面板数据，将企业家精神这一变量引入C-D生产函数，分析了企业家精神对东北三省经济增长的影响。本书的主要研究结论如下：第一，企业家精神对东北三省经济增长影响微弱。实证结果发现，2003—2015年间，企业家精神对东北三省经济增长的弹性为0.087，也就是说，在其他变量不变的情况下，平均而言，企业家精神每增加1个百分点，将带来东北三省经济增长0.087个百分点。企业家精神对于东北三省经济增长的贡献程度很小。第二，东北三省目前的所有制结构不利于其企业家精神的发展，进而拖慢了其经济发展。从回归结果来看，在固定效应模型中加入所有制结构与企业家精神的交互项后，企业家精神对经济增长的影响系数显著下降。东北国有企业数量多、规模大，具有显著的政策和政治优势，其垄断地位强，占据了大量资源，挤压了民营企业的发展空间，影响了企业家精神的发展，不利于整个经济的发展。第三，东北三省过度的政府干预和大量的政府支出对企业家精神的发展造成了不利影响，减缓了经济增长速度。过度依赖政府投资降低了地区吸引力，许多民间资本不愿意进行投资，因此其市场化程度自然较低。在经济自由程度低的环境中，企业家精神发展不健全，经济缺乏活力，经济增速缓慢。

二、政策建议

首先，加大企业家精神的培养力度。企业家精神的产生和成长需要环境的支撑。加大企业家精神的培养力度首先要从法律、投资、金融和税收等环境上入手，建立利于企业发展的法律环境。广东、江苏和浙江作为地区生产总值排名前列的经济大省，在这一方面可以为东北提供许多借鉴。国务院办公厅于2017年3月中旬印发了《东北地区与东部地区部分省市对口合作工作方案》，组织东北三省与东部地区部分省市建立对口合作机制，这是国家进一步落实振兴东北老工业基地战略的重大举措。东部发达省份较为发达的市场经济、较低的企业融资门槛、强大的科技创新能力、优化的产业结构和服务型的政府建设都是值得东北三省吸收借鉴的地方。

其次，正确处理政府与市场的关系，加快政府体制改革。东北地区政府要转变监管过多的管理方式，将应由市场发挥决定性作用的事项交由市场决定，科学发挥政府的作用。政府要简政放权，形成适应经济发展需求的工作方式，构建新型政商关系。

最后，改变国企比重过高的现状，正确处理国企和民企的关系。从20世纪50年代开始，东北经济就以国有化为重要特征，计划经济、国有垄断抑制了企业家精神的发展。因此要大力推进国企改革，推动国有企业的兼并重组，提高国有经济运行效率。同时把民间资本引入国有资本，推行混合所有制改革。要正确处理国企与民企的关系，为民营企业创造更大的发展空间，增强东北三省的经济活力。

宏观运行篇

第五章　东北地区实体经济与虚拟经济的协调发展研究

近年来，我国以制造业为代表的实体经济的发展面临着严峻挑战，一方面体现为国内供需结构明显失衡，一部分行业产能过剩，需求不足，另一部分行业产出则难以满足居民需求，致使国内居民海外消费居高不下，逐年增长；另一方面，随着国内外金融自由化趋势的不断加大，投资者在高杠杆高利润的驱动下，纷纷将大量资金撤出实体经济，涌入虚拟经济。这一趋势不仅使实体经济的生存空间受到了挤压，同时造成了金融市场投资工具价格虚高，加大了形成资产泡沫的风险。基于此，党中央在供给侧结构性改革中明确提出了“去杠杆”，一定程度上降低了企业及金融市场较高的杠杆率，降低了企业在融资过程中的风险。东北经济在中华人民共和国成立初期，增长速度一直位居全国前列。伴随着改革开放和市场经济制度的实行，东北经济一度陷入发展的困局。2003年党中央出台振兴东北老工业基地政策，使得东北经济发展的困局一度得到了缓解。在全国经济新常态的宏观背景下，东北发展再次陷入困局。习近平总书记在2017年3月参加辽宁省代表团审议时提出，振兴东北老工业基地要做大做强实体经济，健康的经济体一定要保持实体经济为根，虚拟经济为枝叶的结构。由此可见东北地区实体经济与虚拟经济协调发展的重要性。

关于实体经济与虚拟经济的关系，马克思在《资本论》中就曾指出，虚拟经济是由“虚拟资本”衍生而来的，特指证券、期货、期权等虚拟资本的交易活动，是经济中金融活动的重要组成部分。虚拟经济的产生是以货币的出现和信用的发展为前提的，而货币与信用则是商品生产与交换发展的结果，可见实体经济是虚拟经济的基础，没有实体经济的发展就没有虚拟经济。虽然虚拟经济源于实体经济，其本身并不直接创造价值，但也会对实体经济产生反作用。一方面，可以通过优化资源配置方式、动员储蓄转向直接投资，提高实体经济创造价值的能力，对实体经济产生积极促进作用；另一方面，虚拟经济相对于实体经济而言，具有不稳定性，一定程度上加大了经济体系的动荡与风险。虽然实体经济与虚拟经济并非同步发展，却呈现着对立统一的关系。实体经济的问题会反映到虚拟经济中，而虚拟经济发生的问题也会对实体经济造成影响，两者既相互制约又相互影响，共同统一于社会经济的总体发展中。

对于实体经济与虚拟经济的研究，国内学者主要有以下观点：现代经济是实体经济与虚拟经济的有机统一体。实体经济始终是人类赖以生存和发展的基础，虚拟经济是实体经济发展到一定阶段后产生的，其最终目的在于服务于实体经济。刘骏民（2003）认为，从历史角度看，虚拟经济在市场经济条件下在实体经济基础上逐步发展壮大，在不同经济发展阶段两者具有相互作用关系。成思危（2008）认为虚拟经济是一把“双刃剑”，既能促进实体经济的发展，又会给实体经济带来损害。刘晓欣（2016）认为，实体经济与虚拟经济发展应呈现一种良性互动关系，虚拟经济来源于实体经济，两者相互影响。国外学者的研究则主要集中在从资产价格与金融市场角度探讨实体经济与虚拟经济的关系。Jacobson等（2005）从宏观及微观角度通过实证分析认为金融市场与实体经济间具有联动效应。Hudson（2008）分析了20世纪以来几次金融危机产生的原因，认为虚拟经济的发展规模需与实体经济发展规模保持在一定水平范围内。

国内外学者从不同角度分析了实体经济与虚拟经济的关系，以上结论均有其合理性。但一个国家或地区的实体经济与虚拟经济归根到底应该是协调统一的，那么它们的协调程度又是怎样的呢？本章在已有文献的基础上，以2003年实施“振兴东北老工业基地”以来东北地区经济发展情况为背景，通过建立耦合协调度模型，对实体经济与虚拟经济的协调度进行耦合协调测度，并以此为依据提出对东北经济协调发展的政策建议。

第一节　东北地区实体经济与虚拟经济发展情况

一、东北经济总体发展情况

中华人民共和国成立初期，东北地区凭借着得天独厚的自然禀赋，被誉为“共和国长子”。东北地区以重工业和国有经济为主，成为我国重工业发展的摇篮，经济发展水平一度位居全国前列。伴随着改革开放的进行，东北经济很快落伍，大批国有企业破产重组，经济出现停滞与缓慢增长趋势。现如今，东北地区的地区生产总值增速不容乐观。表5-1展现了2003—2015年东北地区的地区生产总值增速情况，总体上看，东北地区的地区生产总值增速呈明显下降趋势，2011年以前，东北三省地区生产总值增速呈现小范围波动状况。自2011年开始，全国GDP增长率开始降低，同时，东北三省的地区生产总值增长率也有所降低，但仍高于全国水平。2013年是东北经济发展的分水岭。自2013年起，东北三省的地区生产总值增速低于全国水平，呈现下降趋势且愈演愈烈。

表5-1　2003—2015全国GDP及东北三省地区生产总值增长率

年份	全国	辽宁省	吉林省	黑龙江省
2003	10.1%	10.2%	9.0%	8.7%
2004	9.1%	11.5%	10.2%	10.3%
2005	9.9%	12.3%	12.1%	11.6%

续表

年份	全国	辽宁省	吉林省	黑龙江省
2006	10.7%	13.8%	15.0%	12.1%
2007	11.4%	15.0%	16.1%	12.0%
2008	9.0%	13.4%	16.0%	11.8%
2009	8.7%	13.1%	13.6%	11.4%
2010	10.3%	14.2%	13.8%	12.7%
2011	9.2%	12.1%	14%	12.2%
2012	7.7%	9.5%	12.0%	10.0%
2013	9.5%	9.0%	8.7%	8.1%
2014	7.4%	5.8%	6.5%	5.6%
2015	6.9%	3.0%	6.5%	5.7%

伴随着我国经济进入新常态阶段，东北经济发展也步入了疲软态势，国有企业比重过大、体制僵化、民营经济动力不足、人才外流等现象相继出现，这些都是东北经济出现下滑的因素。究其根本，还是东北地区实体经济与虚拟经济的失衡。

二、东北地区实体经济发展情况

为进一步探究我国东北地区自2003年东北振兴政策出台以来实体经济的发展情况，我们选取2003—2015年东北三省与广东省、江苏省以及全国的工业增加值占GDP（地区生产总值）的比例进行对比，分析东北地区的发展现状。由图5-1可知，东北地区工业增加值总体上的比重高于全国平均水平，其中黑龙江省呈现明显下降的趋势且于2009年开始低于图中其他省份，辽宁省在后期也出现了缓缓下降趋势，吉林省则表现为先上升后下降的趋势。相比经济发达地区，作为东北老工业基地，其实体企业乃至地方经济仍旧增长乏力。首先，国企改革步伐虽然在逐渐推进，但东北地区的国有企业比重仍旧居高不下，地方和企业难以筹集资本，等待这些企业的只能是被兼并和重组。其次，老工业基地的实体经济存在着严重的结构不合理状况，无论是所有制结构还是产业结构、企业规模，都使实体经济效益难以全部发挥，出现“空心化”趋势。最后，东北地区实体经济的投资环境较差，从硬环境角度看，东北地区铁路营运能力有待提高，部分老工业企业呈亏损状态，企业自给率不高。软环境方面，政府和相关部门的管理水平也亟待改进。

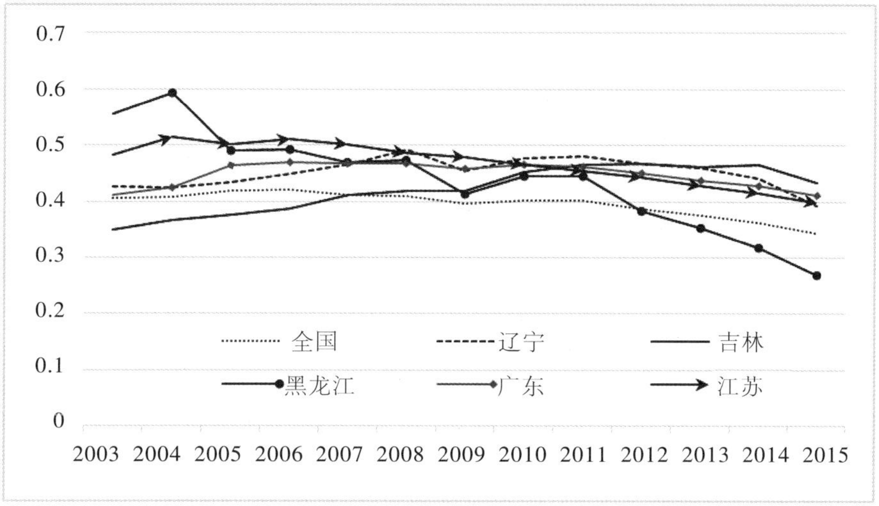

图5-1　工业增加值占GDP（地区生产总值）比重图

三、东北地区虚拟经济发展情况

伴随着2003年振兴东北政策的颁布，东北地区的虚拟经济也得到了一定的发展。本书所指的虚拟经济是指狭义角度上，以银行、资本市场等现代金融服务业为核心的经济体系。首先，从上市公司数量和质量上看，东北地区上市公司数量从全国水平上看只占很小一部分，公司质量普遍偏差，盈利能力较弱，再融资功能不高。其次，东北地区已经形成了较为完善的区域金融体系，东北地区已经形成了在人民银行宏观调控和监管下，以国有股份制商业银行为主体、政策性金融和商业性金融机构相分离、间接金融方式和直接金融方式兼有、多种金融机构并存的区域金融体系。虽然如此，但与全国趋势相比较，东北地区的金融机构数量仍占少数。最后，东北地区贷款额情况虽呈现上升趋势，但较全国水平来说仍旧有待提高。图5-2是东北三省及全国贷款额占GDP（地区生产总值）比重图，东北三省的贷款总额占地区生产总值的比重与全国平均水平在趋势上基本一致，三者均低于全国水平。因此我们很明显地看出，东北地区虚拟经济发展水平滞后于全国平均水平。

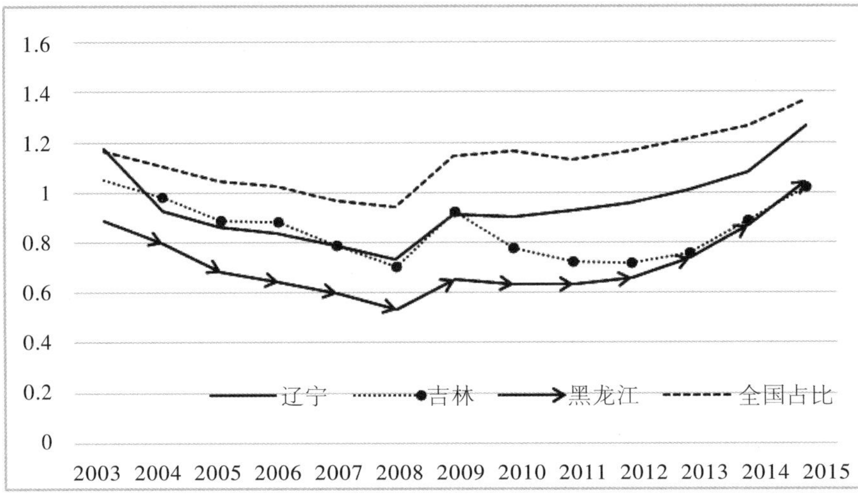

图 5-2 贷款额占 GDP（地区生产总值）比重图

综上所述，东北地区国有企业改革后遗症使得实体经济出现“空心化”现象，从而无法起到以实促虚的作用。虚拟经济发展“滞后化”且低于全国平均水平也令虚拟经济达不到以虚促实的理想效果。为进一步探究实体经济与虚拟经济的协调程度，本书通过建立耦合协调度模型进行实证研究，测算东北经济协调发展水平，找出影响东北经济协调发展的因素。

第二节 实证分析

一、样本数据选取与分析

自 2003 年国家提出振兴东北老工业基地政策以来，东北地区经济确实实现了地区生产总值翻倍增长的趋势。但随着近些年的发展，东北经济出现坍塌式下滑，外界称为“新东北现象”。本书选取 2003— 2015 年东北三省 34 个地级市面板数据，探究东北地区实体经济与虚拟经济之间的关系。面板数据来源于各省、地级市统计年鉴、《中国城市统计年鉴》及地级市统计局、政府工作报告。实证分析中，通过对实体经济与虚拟经济的严格界定，本书选取各地区贷款额与地区生产总值之比作为虚拟经济的衡量指标（记为DK），将第一、第二产业之和与地区生产总值的比例作为实体经济的衡量指标（记为CYCZ）。

在对变量进行协整检验之前首先需要考虑面板数据的平稳性。本书使用了LLC、IPS、ADF-Fisher、PP-Fisher四种检验方式，分别对上述两种衡量指标的原值和一阶差分进行单位根检验，具体结果见表5-2。

表5-2 **变量单位根检验**

变量名称	LLC	IPS	ADF-Fisher	PP-Fisher
DK	0.3111	0.9272	0.2239	0.0012***
CYCZ	0.8910	0.7932	0.4282	0.1795
DK（一阶差分）	0.0000***	0.0003***	0.0003***	0.0001***
CYCZ（一阶差分）	0.0000***	0.0000***	0.0000***	0.0000***

注：***、**、*分别代表在1%、5%、10%的水平下显著；检验形式中（C，T，P）代表单位根检验方程中是否包含常数项、时间项及滞后阶数。

变量原值的单位根检验结果很明显无法拒绝零假设（零假设是存在单位根）。虽然DK的ADF-Fisher检验统计显著，但其他三种检验方式均接受零假设。所以，我们认为：DK和CYCZ两个变量均存在单位根。故需要对两个变量进行一阶差分的单位根检验。如表5-2所示，两个变量一阶差分项的所有检验结果均在1%的显著水平下拒绝零假设，即不存在单位根。因此两个变量的一阶差分是平稳的。

由上述检验可看出，DK与CYCZ两个变量均为一阶单整，因此可对两者进行协整分析。对于面板数据，我们分别采用了Pedroni检验、Kao检验、Johansen检验。其中Pedroni与Johansen检验结果显示不存在协整关系。因此，我们可以得出结论，DK与CYCZ不存在协整关系。CK和CYCZ的Johansen检验结果如表5-3所示：

表5-3 **CK和CYCZ的Johansen检验结果**

原假设	Fisher联合迹统计量（P值）	Fisher联合λ-max统计量（P值）
0个协整向量	264.9（0.0000）***	237.0（0.0000）***
至少一个协整向量	137.9（0.0000）***	137.9（0.0000）***

注：***、**分别表示在1%和5%的显著水平下拒绝原假设，接受备择假设。

二、耦合协调度测算

（一）耦合协调度模型构建

由于上述检验显示实体经济与虚拟经济两者存在不协整关系，本节则在此基础上对实体经济与虚拟经济进行耦合协调度测算，揭示东北地区实体经济与虚拟经济发展的协调程度。耦合一词来源于物理学，用于描述两个或两个以上系统相互影响的现象。耦合度则是指这种相互作用程度的强弱。耦合协调描述的是两种或两种以上系统或其中要素之间的良性关联程度，由无序走向有序的趋势，而耦合协调度则是对这种良性关联程度的度量，即为协调性指标。借鉴该定义，从耦合协调的角度来看，可以将DK（贷款额与地区生产总值之比）与CYCZ（第一、第二产业总值与地区生产总值之比）的相互作用、影响、促进的现象定义为实体经济与虚拟经济的耦合协调。因此，所得到的耦合度模型如下：

$$C_n = \left[\frac{(u_1, u_2, \cdots u_n)}{\left[\prod(u_i + u_j)\right]}\right]^{\frac{1}{n}}$$

其中，$u_i(i = 1,2,3\cdots,n)$是各子系统的综合评价函数。在讨论实体经济与虚拟经济耦合度时，令n=2即得到了新的耦合度模型：

$$C_n = \left[\frac{(u_1 \times u_2)}{(u_1 + u_2)^2}\right]^{\frac{1}{2}}$$

由于耦合度模型只能反映耦合作用程度的强弱，无法反映协调发展水平的高低，为了较好地衡量实体经济与虚拟经济的协调程度，这里引入耦合协调度模型，计算公式如下：

$$D = \sqrt{C \times T}, T = \alpha\mu_1 + \beta\mu_2$$

其中D为耦合协调度，C表示耦合度，T表示各系统的综合评价函数。由于实体经济与虚拟经济位于同等重要地位，因此这里取$\alpha=\beta=1/2$。耦合协调度的取值范围为$0\leqslant D\leqslant 1$，取值越大，说明系统的协调程度越高，否则协调程度越低。具体划分标准见表5-4：

表5-4 **耦合协调度等级分类**

协调等级	协调含义	耦合协调区间	协调等级	协调含义	耦合协调区间
1	极度失调	0.0-0.09	6	勉强协调	0.5-0.59
2	严重失调	0.1-0.19	7	初级协调	0.6-0.69
3	中度失调	0.2-0.29	8	中级协调	0.7-0.79
4	轻度失调	0.3-0.39	9	良好协调	0.8-0.89
5	濒临失调	0.4-0.49	10	优质协调	0.9-1.00

（二）耦合协调度测算结果

本书利用2003—2015年东北各地级市面板数据，测算实体经济与虚拟经济的耦合协调度。综合来看，2003—2015东北实体经济与虚拟经济的耦合协调度均值为0.579，属于勉强协调阶段。图5-3、图5-4分别为各年度和各省份耦合协调度情况。从图5-3的年度发展情况来看，整体耦合协调度均在0.54以上，变化趋势总体呈现先下降后上升的趋势，其中实体经济和虚拟经济在2003年的耦合协调情况达到最优，2008年协调水平最低。图5-4则主要呈现了东北地区34个地级市实体经济与虚拟经济耦合协调度情况，各地区协调情况明显参差不齐，其中大庆市耦合协调度最低（0.43），处于濒临失调阶段；虽然长春市耦合协调度高达到0.66，是东北地区34个地级市中实体经济与虚拟经济耦合协调程度最高的城市，但仍处于初级协调阶段。究其原因，除了各自自然禀赋不同外，更与各地区产业结构、所有制结构以及近十几年来国家对于东北地区不断出台的政策与指导意见息息相关，这些都是造成东北经济发展协调程度出现差异与波动的原因。

图5-3 各年度耦合协调度趋势图

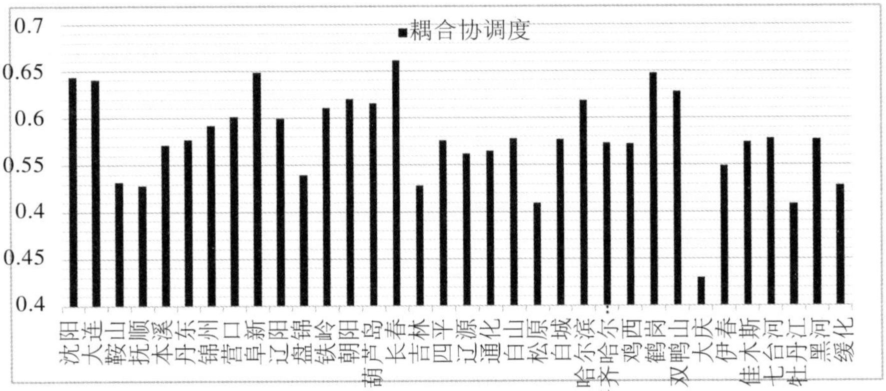

图 5-4　各地级市耦合协调度趋势图

三、实体经济与虚拟经济协调发展的影响因素

为更好地解释上述东北地区实体与虚拟经济的耦合协调情况，探究影响两者协调发展的因素并在此基础上提出政策建议，我们采用面板回归模型来检验其影响因素。根据现有文献及东北发展现状，本书主要考察的变量见表 5-5。

表 5-5　变量考察表

变量	度量方式
人力资本（RLZB）	本书选取高中生人数和总人口之比作为度量人力资本的方式
政府干预（CZZC）	本书将政府财政支出占地区生产总值的比例作为政府干预水平的衡量标准
开放程度（JCK）	我们用进出口总额与地区生产总值的比值作为衡量地区开放程度的度量指标
所有制结构（SYZ）	所有制结构主要用国有企业职工占全社会就业人数的比例来衡量
企业家精神（E）	本书将私营和个体经济就业人数占总就业人数之比作为企业家精神的衡量指标
产业结构（CYJG）	本书将第一、第二产业总和占地区生产总值的比例作为度量产业结构的标准
政府干预^2（CZZC^2）	政府干预平方项
所有制结构^2（SYZ^2）	所有制结构平方项

本书数据来源于中经数据库、各地级市统计局、省级统计年鉴、《中国城市统计年鉴》。在结合东北地区存在问题及现状的基础上，为进一步看出政府干预和所有制结构对实体经济与虚拟经济耦合程度的影响，本书引入了政府干预和所有制结构的平方项，从两者的作用程度分析对实体和虚拟经济耦合协调度的影响。拟建立模型如下：

$$D_{it} = \alpha_0 + \alpha_1 RLZB_{it} + \alpha_2 CZZC_{it} + \alpha_3 JCK_{it} + \alpha_4 SYZ_{it} + \alpha_5 E_{it} + \alpha_6 CYJG_{it} + \alpha_7 CZZC_{it}^2 + \alpha_8 SYZ_{it}^2 + \varepsilon_{it}$$

在对面板数据进行回归之前，为了防止出现虚假回归现象，需要对各变量进行平稳性检验，经过LLC、IPS、ADF-Fisher、PP-Fisher面板单位根检验，显示各变量均为一阶平稳，因此可建立面板数据回归模型。Tobit模型于1958年由托宾提出，也被称为受限因变量模型，即适用于那些被解释变量取值有限制、存在选择行为的情况。由于本书所选的被解释变量在[0，1]之间，因此选取Tobit模型进行回归分析，又因固定效应的Tobit模型找不到个体异质性的充分统计量，故无法进行条件最大似然估计，因此本书选取随机效应的Tobit模型对样本进行回归分析。具体回归结果见表5-6。

表5-6 **随机效应Tobit模型回归结果**

影响因素	估计系数	Z值	P值
人力资本（RLZB）	0.27248	1.38	0.167
政府干预（CZZC）	1.05646***	7.39	0.000
开放水平（JCK）	0.000122	0.46	0.645
所有制结构（SYZ）	-0.0289312***	-3.65	0.032
产业结构（CYJG）	0.2251375***	8.73	0.000
企业家精神（E）	0.0379223**	2.29	0.047
政府干预平方项（CZZC^2）	-2.240179***	-7.19	0.000
所有制平方项（SYZ^2）	-0.091934***	-2.35	0.007

注：***、**分别表示在1%和5%的显著水平下拒绝原假设，接受备择假设。

结合表中回归结果，可以得出以下归纳。

第一，政府干预与耦合协调度呈正相关，影响系数为1.056；政府干预的平方项与耦合协调度呈负相关，系数为-2.240，两者均且在1%的水平下显著。这说明一个地区的发展离不开政府的宏观调控，一定程度的政府干预对东北地区经济的协调发展极为有利，但过度的政府干预则会起反作用，制约东北经济的自由发展。

第二，所有制结构与所有制结构平方项对耦合协调度具有消极作用，由于本书对所有制结构的度量使用国有企业职工占比，因此这表示东北现阶段所有制改革尚未完善，国有企业仍占据半壁江山，国有制企业的比例若进一步加大将引起实体与虚拟经济更为严重的背离发展，这对于东北经济的发展无疑是雪上加霜。

第三，企业家精神与东北实体与虚拟经济的协调度呈正相关，影响系数为0.038，在5%的水平下统计显著。这意味着企业家精神的培养有利于经济的协调发展。企业家精神作为管理者的精神理念，逐渐成为企业发展的软实力，更在促进经济发展过程中提供了源源不断的动力源泉。

第四，人力资本与开放水平对东北地区实体与虚拟经济的耦合协调度影响不大，统计结果不显著，因此该变量对于耦合协调度的作用可以忽略不计。

第三节　主要结论与政策建议

本书选用2003—2015年东北地区34个地级市面板数据，对东北地区实体经济与虚拟经济的协调发展进行研究。通过耦合协调测度模型，计算出东北地区实体经济与虚拟经济的耦合协调度均值为0.579，东北现阶段经济发展程度处于勉强协调阶段。针对实体与虚拟的耦合情况，本书通过随机效应的Tobit模型进行实证分析。根据回归结果，拟得出以下结论及政策建议：

一、基本结论

第一，政府干预对东北地区实体经济与虚拟经济的协调作用具有两面性。适度的政府干预会给予地区经济政策和财政的支持；而过度的政府干预则会导致社会经济发展偏离市场运行规律，造成经济的低效运行。

第二，所有制结构对东北经济耦合具有消极作用。这意味着国有企业比重的提高将引导东北经济朝向背离趋势发展。东北现阶段实体经济发展“空心化”严重，而虚拟经济发展水平又明显落后于全国平均水平，因此东北地区亟待进行所有制结构改革，平衡现阶段国有比例过高的现状。

第三，企业家精神对东北经济发展具有积极促进作用。东北地区现阶段企业家精神的缺失导致东北发展缺乏创新，经济运行缺乏活力，加之东北地区由于历史原因所存在的结构不合理等问题，使得东北经济发展渐趋缓慢。

二、政策建议

首先，良好的政府治理是东北经济协调发展的有力保障。一方面，政府应当适当放权，减少对经济发展的干预，充分发挥市场在资源配置中的决定性作用，为东北地区经济发展创造良好的发展环境；另一方面，政府要转变职能，提高政府行政能力，做到以人为本，造福于民。

其次，国有企业改革是东北地区走出困境的根本方式。东北地区国有企业比例过高是由自身丰富的自然资源与特殊的历史时期所决定的。在当下市场经济条件下，国有企业比例过高必然制约经济发展，因此促进国有企业改革、提升东北地区实体经济竞争力是目前东北经济发展的根本方式。

最后，企业家精神的培养是东北经济多元化发展的必要手段。企业家精神的培养不仅为实体经济注入活力，更为虚拟经济发展提供创新力。宽松自由的市场环境是企业家精神萌芽与成长的前提条件，因此政府和相关监管部门需要营造良好的市场环境，出台相关政策，鼓励创新创业的行为，促进东北地区企业家精神的形成与发展。

第六章　东北地区政府规模与经济增长的非线性研究

在经济新常态背景下我国经济进入减速换挡的结构调整期，自中华人民共和国成立以来一直作为重工业基地、装备制造业基地的东北地区，经济增长速度下滑，经济失速似乎变成了东北地区的代名词。习近平总书记在十九大报告中提到“实施区域协调发展战略。加大力度支持革命老区、民族地区、边疆地区、贫困地区加快发展，强化举措推进西部大开发形成新格局，深化改革加快东北等老工业基地振兴，发挥优势推动中部地区崛起，创新引领率先实现东部地区优化发展，建立更加有效的区域协调发展新机制”。为促进东北地区的经济复苏和产业升级，国家采取东北振兴政策，但效果却并不尽如人意，而且政策带来的促进作用往往不能持续，其带来的短暂增长效应正在逐渐减弱，东北地区的经济形势不容乐观。

为了分析并解决东北地区经济困境，不同学者从多个角度进行了研究。陆炜等（2017）提出应该发挥科技创新对东北经济的促进作用，王晓玲等（2017）认为人口结构变动导致人口红利逐渐减少是东北经济增长减缓的原因，郑尚植等（2017）从政府干预、所有制结构和企业家精神三个角度进行分析，孙阳（2017）从国有企业改革的角度进行了分析。学界目前鲜有人从政府规模的角度进行分析，而地方政府在东北地区一直扮演着重要的角色，研究东北地区的经济现象，地方政府规模是一个不容忽视的因素。

学界对政府规模与经济增长的关系进行了探讨，主流观点大致分为三类。

第一类为正相关论：例如Feder（1982）在线性模型下通过采用Cobb Douglas生产函数进行研究，发现了政府规模与经济增长在一定程度上存在的非线性正相关关系。Ram（1986）通过构建两部门生产函数模型，加入投资、政府、服务人口等数据对政府规模和经济增长的关系进行深入研究，发现政府规模呈现出积极的外部效应，而且政府规模对经济增长的促进作用在低收入国家更加显著。Angelopoulos等（2008）通过对发达国家和发展中国家的分析，发现高效率的公共部门导致政府规模对经济增长有积极影响。Colombier（2009）的研究指出，政府规模对经合组织国家的增长并没有造成不利影响，且存在较小的积极效应，同时，其通过保持使用最小二乘估计量来说明其他研究是有偏差和低效的。

第二类为负相关论：例如Cameron（1982）于1960—1979年间的一项关于政府规模的早期研究发现，政府支出占国内生产总值的平均百分比和实际国内生产总值的平均增长率之间呈负相关。Landau（1983）扩大样本容量后，又增加教育和能源消耗的控制变量以及一些地理虚拟变量，进一步证实了两者之间的负相关关系。Romero-Ávila和Strauch（2008）通过对UE-15国家样本数据的研究发现，政府规模以总支出或收入份额衡量时，政府消费和直接税对人均国内生产总值的增长率产生负面影响，但公共投资对其有正向影响。Bergh和Karlsson（2010）使用普通最小二乘法（OLS）和BACE算法对富裕国家进行面板数据研究，同样获得了政府规模与经济增长呈负相关的结论。杨子晖（2011）运用面板平滑转换回归模型（PSTR）对1990—2005年62个国家和地区进行研究，也得到了政府规模与经济增长之间存在非线性关系且负效应逐步显现的结论。

第三类为倒U形论。此种观点认为，政府规模超过某一临界值时，其对经济增长的负面作用将超过正面作用，因而存在一个对经济增长贡献最大的政府规模即最优政府规模，此观点又被称为Armey曲线（Armey，1995）。国内学者基于Armey曲线，对中国的最优政府规模进行了一定的研究。文雁兵（2014）运用2000—2012年中国省级动态面板和系统广义矩估计法验证了政府规模与社会福利呈倒U形关系，证明了Armey曲线在中国确实存在。刘方（2006）利用我国1978—2004年实际数据估计Armey曲线，得出了我国政府最优规模为23.49%。杨友才与赖敏晖（2009）利用我国1994—2005年的数据研究了政府规模与经济增长之间的非线性关系，得到的最优政府规模是11.6%。陈俊营和王科（2015）利用中国29个省（自治区、直辖市）1994—2012年面板数据，得到全国政府支出规模与经济增长之间为非线性倒U形关系，政府支出规模存在两个门槛水平，同时，东部、中部及西部地区最优政府规模分别为7.7%、9.7%与10.3%，区域样本的政府规模呈单一门槛特征。

通过梳理上述文献可以发现，学界对经济增长与政府规模之间的关系进行了大量的研究，然而，此前的研究多聚焦在政府规模本身对经济增长的影响上，而忽视了政府治理能力这个关键因素；此外，上述研究大多基于国际样本的研究，很少有对我国尤其是我国东北地区的研究。东北三省作为中国的老工业基地，由于历史发展原因和独特的地理位置成为一个特殊的研究对象，东北地区的经济增长与政府规模是否也存在Armey曲线这样的倒U形关系？目前国内并没有关于此方面的研究。本书从政府规模的角度，对经济增长速度下降进行了分析，通过东北三省34个地级市地方政府规模、地方政府治理水平和经济增长的面板数据，进行面板回归和门槛检验，验证了经济增长与地方政府规模之间的关系近似符合倒U形，存在两个门槛值，传统的Armey曲线在东北地区仍然成立。

第一节 东北地区政府规模与经济增长的现实考察

一、2008年美国金融危机以来东北地区经济增长速度下滑

本书引入全国数据作为对比标准。如图6-1所示，2007年以后整体的GDP增长率下降，表明中国的经济增速放缓，但依然不断提高。西部地区的经济增长水平远高于其他区域和全国。可能原因是中国在1999年开始实施西部大开发战略，政府加大投资，促进西部经济发展。

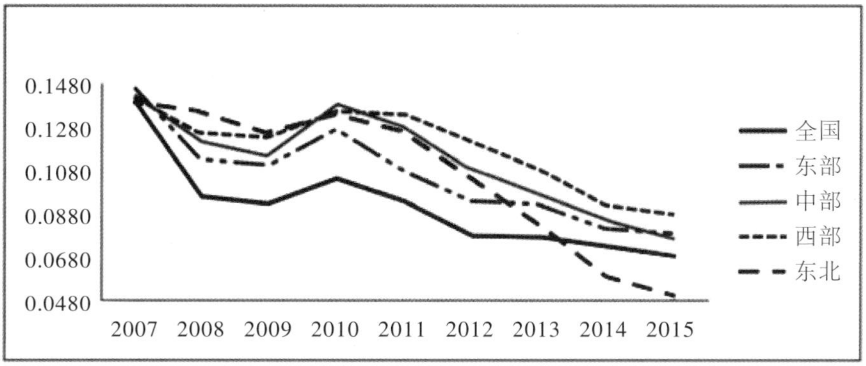

图6-1 金融危机以来全国四大区域经济增长率

自2008年开始，东北地区地区生产总值增长率开始逐渐下降，2013年，东北地区的地区生产总值增长率低于东部地区，2014年，东北地区的地区生产总值增长率仅为5.97%，低于全国的平均水平，近几年的经济增长水平已经完全低于全国平均水平。东北地区作为全国重要粮食基地、装备制造业基地、材料能源保障基地，“经济失速”已经成为刻画东北地区经济发展的关键词。对于东北地区陷入经济失速的困境，不少专家学者进行了研究并做出了解释。杨东亮等（2015）分析了东北振兴战略实施以来东北地区的投资规模和投资结构，并指出，目前东北地区经济失速是投资力度不足造成的，建议东北地区加强投资力度，扩大投资规模。叶振宇（2015）指出，传统优势产业衰退，新的经济增长点尚未形成是东北地区经济失速的直接原因，体制改革和结构

调整受阻是东北经济失速的症结所在。靳继东等（2016）也有类似的看法，认为经济结构和产业结构失衡是导致东北地区经济失速的直接原因，深层次的症结在于以投资拉动为主的振兴战略模式。因此产业结构不合理，体制改革受阻等都是东北地区经济失速的原因。国家在2003年提出了东北振兴战略，各级政府先后出台了财税、投资、产业等一系列政策贯彻落实东北振兴战略。在国家有关政策的支持下，东北地区的经济进入了发展的黄金10年，但东北地区经济再次失速，这一现象引起很多人的研究。笔者认为政府规模和政府效率在东北振兴战略的实施以及东北经济增长方面起到至关重要的作用。下面本书对东北地区的政府规模和效率进行现实考察。

二、东北地区政府规模过高

本书政府规模的衡量指标是财政支出占地区生产总值的比重，并从东中西、东北地区和东北三省地级市两方面对东北地区的政府规模进行描述和分析。数据来源于中经网和中国统计年鉴。

从图6-2中可以看出，西部地区的政府规模远高于全国平均水平和其他区域，并在近几年快速增长。一部分原因可能是西部地区中包含西藏，西藏本身的公共财政收入较少，财政支出很大程度上要依靠中央政府的转移支付，因此政府支出很大；除此之外更重要的原因是中国实施西部大开发战略，政府在西部大量建设基础设施，拉动当地经济发展，所以西部地区比较特殊，本书在这里不将其作为参考对象。政府规模最小的是东部地区，始终以0.04的水平低于全国平均政府规模。中部地区的政府规模接近全国平均水平。

而我们关注的东北地区的政府规模在1995—2009年不断增长，并高于全国平均水平。自2009年至今以边际规模递减的趋势增长，但依然高于全国平均水平和东中部的政府规模。关于东北地区政府规模过高这一现象，很多学者提出不同的解释。有的学者认为由于东北老工业基地是中国最早实施计划经济体制的区域，而且改革开放以来市场经济发展受到体制性障碍影响较大，所以，相对而言，政府作用较强，政府干预程度很难彻底改变。政府包揽越多，需要的机构和人员越多，政府

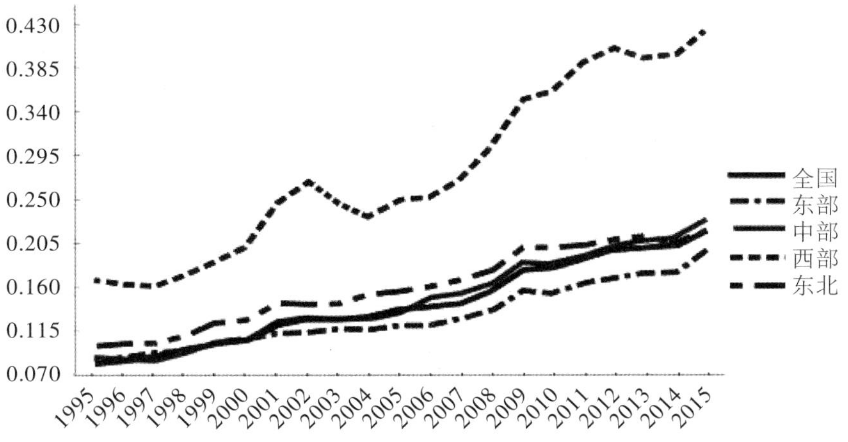

图6-2　1995—2015年全国及四大区域地方政府规模

费用越庞大，政府对国有企业进行大量投资，共同造成东北地区政府规模过大。尽管近年来，东北地区的国有企业比例呈现持续的下降趋势，但国有企业在企业总量中所占百分比相对来说还是高于全国水平。2008年东北地区国有企业比例为13.77%，与1998年和1978年相比，分别下降了11.84和26.88个百分点，降幅较大，但仍高于全国7.91%的水平。同时东北地区的国有企业主要集中于重工业领域，而当今重工业的发展面临重重困难，导致国有企业盈利困难，甚至举步维艰、扭亏无望，当地政府必须对国有企业进行一系列的扶持。大多数企业需要一定的定向资金进行企业创新发展；而且有些国有企业建厂时间早，离退休人员多，但企业没有能力解决其社会保障问题，只能依靠当地政府进行财政补贴。以上原因都进一步导致了东北地区财政支出的增加。

同时我们也对东北三省34个地级市在1995—2015年的政府规模进行均值后进行排序，将其分为三档，如图6-3所示。第一档包括黑河市、朝阳市、铁岭市等10个地级市，属于高政府规模。第二档包括辽阳市等11个地级市，属于中等政府规模。第三档包括大连市、沈阳市、哈尔滨市、长春市等13个地级市，属于低政府规模。高规模地级市的国有控股企业数量相对其他两档高一些，同时主要集中于重工业，产业结构失衡。而低规模的地级市中，大多数是沿海城市、距离沿海城市比较近的城市和三省的省会。由于沿海地区可能有利于吸引外商投资，开放程度相对高一些，因此政府的干预会受到限制。同时对于省会城市来说，产业结构相对合理，重工业和其他行业配比相对均衡。因此，我们从东北三省内部地级市的研究中可以进一步论证，东北地区的政府规模很有可能与国有企业占比有关。

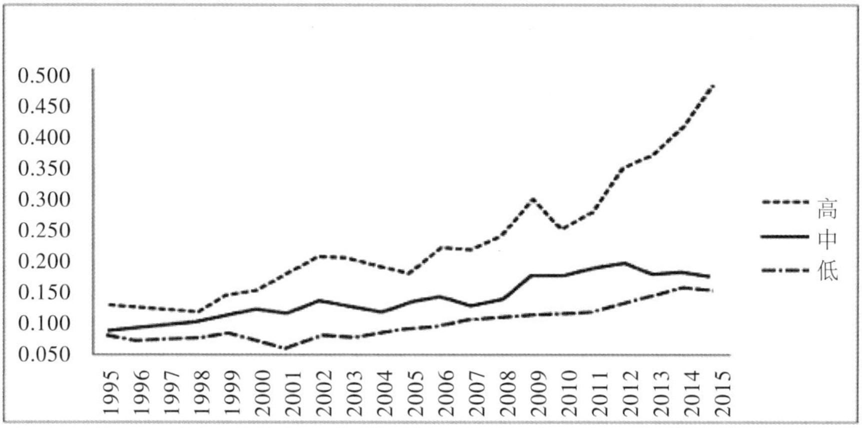

图6-3 1995—2015年东北地区地级市政府规模

三、东北地区政府效率不足

公共服务的有效提供是衡量政府绩效以及经济社会发展的重要指标。基本公共服务所涉及的内容较为丰富，包括教育、医疗卫生、就业、文化、社会保障等。公共文化服务是改善人民生活的必要保障，提供文化服务是政府的职责。基本公共文化服务则是“纯度”最高的公共文化服务，非竞争、非排他。因此，本书以基本公共文化服务作为政府公共服务的代表。从基本公共文化服务的供给效率和规模两方面衡量政府绩效。

首先根据申亮和王玉燕（2017）的研究，我们得到公共文化服务供给相对效率值。他们在选取投入指标时，分别从公共文化服务的财政资源、物质资源和人力资源出发，选取文化活动场次和文化活动人次，分别反映政府提供的公共文化资源和使用效能。然后他们选择DEA作为分析工具来测算公共文化服务政府供给效率，采用DEA中的CRS模型对公共文化服务的政府效率进行计算，得到2001—2013年31个省级政府的相对效率值。

本书对其进行区域化处理后，获得公共文化服务的质量衡量指标。由于我们选择公共文化服务作为公共服务的代表，因此规模的衡量指标我们采用人均文化事业费。从图6-4中可以看出，东北地区的公共服务效率一直低于其他区域，存在明显的效率不足。从图6-5中可以看出公共服务规模也一直低于全国水平。

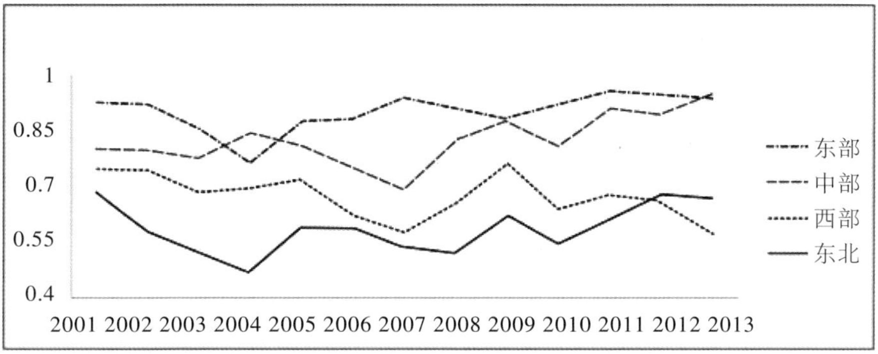

图6-4 2001—2013年全国四大区域公共服务效率

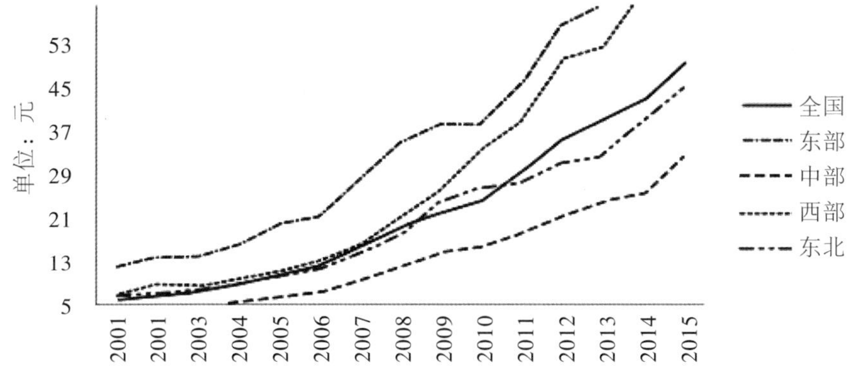

图6-5 2001—2013年全国及四大区域公共服务规模

地方政府的公共服务提供能力受经济发展、制度环境、政府行为模式等多方因素共同影响。其中财政支出相对规模是制约公共服务提供的客观条件，政府行政及制度效率是政府自身对公共服务提供的影响（王伟同，2007）。东北三省的发展模式过度关注经济增长和企业效益，而相对忽视民众的公共服务需求，最终导致财政支出比例失衡，这是一种经济社会发展失衡的体现。同时东北地区政府的行政效率和制度效率等因素都导致政府的公共服务能力进一步下降。

第二节 数据来源、模型构建与实证结果分析

一、数据来源

为深入研究东北地区政府规模和经济增长的关系，本书采用1995—2015年东北三省34个地级市的面板数据进行实证检验。本书所用数据来自《中国统计年鉴》和中经网数据库。对于缺失数据采用均值等方法进行补齐。变量考察表和各变量的描述统计如表6-1所示。

表6-1 **描述统计**

变量	含义	观察值个数	均值	标准差	最大值
GDP	人均真实地区生产总值	711	11 604.22	10 708.48	79 924.72
GOV	用收入衡量的政府规模	712	0.0695787	0.0361702	0.3433342
GOV2	用支出衡量的政府规模	712	0.1521632	0.1182767	1.427781
SCS	人均社会资本存量	711	7 158.515	8 083.211	53 599.93
IS	产业结构	712	51.82878	14.17903	92.3
FC	实际利用外资金额	650	34 045.34	110 818.5	1 062 260
HC	人力资本（高等学校在校学生比重）	711	0.0223711	0.0253069	0.1195282
GL	政府治理水平（人均图书馆藏量）	710	71.57579	56.11615	481.49

1.被解释变量：人均真实地区生产总值（GDP）

人均真实地区生产总值用34个地级市21年的人均真实地区生产总值表示，数据经过了地区生产总值平减指数调整，并除以各地级市人口数。本书采用1995—2015年东北三省34个地级市人均真实地区生产总

值来衡量经济增长。

2.解释变量：政府规模（GOV、GOV_2）

本书的核心解释变量为政府规模。从文献综述中可以发现，学术界常见的衡量政府规模的方法有两种，分别为财政支出和财政收入两个角度。在此基础上，本书分别用34个地级市21年的政府财政收入与当期地区生产总值的比值和34个地级市21年的政府财政支出与当期地区生产总值的比值来衡量政府规模，分别用GOV和GOV_2来表示。另外，用GOV*GL作为交叉项解释变量，衡量政府规模通过政府治理水平对经济增长产生的影响。

3.控制变量

根据传统的经济学理论，经济增长受到多种因素的影响，比如人力资本、固定资产投资、产业结构、对外开放程度。由于本书的研究深入地级市，因此，地方政府的治理水平也是影响地区经济的一个重要因素。因此，本书设置了如下5个控制变量，分别为：

人均社会资本量（Social），用SCS表示。无论是凯恩斯的经济增长理论，还是柯布·道格拉斯生产函数等实证公式，都强调了投资对经济增长的作用。尤其在我国的国情下，资本的产出弹性大于劳动的产出弹性，投资作为拉动我国经济增长的三驾马车之一，对经济增长有着关键作用。本书用34个地级市21年的人均真实固定资产投资衡量人均社会资本存量，其中，固定资产投资经过固定资产投资平减指数调整。

产业结构（Industrial Structure），用IS表示。东北地区自中华人民共和国成立以来就是我国的工业基地，尤其是在重工业领域，取得了骄人的成果，因此，第二产业对地方经济有着举足轻重的作用。本书用34个地级市21年的每年第二产业增加值除以当期地区生产总值来衡量地区产业结构。

实际利用外资金额（Foreign Capital），用FC表示。当今世界，全球化程度不断提高，一个国家和地区的发展离不开对外交流和开放。改革开放是兴国之要，对外开放是促进地区经济增长的关键因素。本书用34个地级市每年实际利用外资金额情况来衡量对外开放程度。

人力资本（Human Capital），用HC表示。劳动的供给是传统经济学理论中的关键因素，而人力资本更是经济增长的决定因素。本书用34个地级市21年的高等学校在校学生占总人口的比重来衡量地区人力资本的水平。

政府治理水平（Level of Governance），用GL表示。地方政府的治理水平是影响地区经济增长的关键因素，政府提供的公共产品的数量可以反映政府治理水平。因此，本书用34个地级市21年的人均图书馆藏量来表示政府治理水平。

二、模型构建

为了准确分析政府规模与经济增长的关系，本书改进了传统内生经济增长理论，引入了政府规模变量，同时引入“利用外资”和“政府治理水平”等控制变量，这样，修正的内生经济增长模型如下所示：

$$Y = A*K^{\alpha}*L^{\beta}*G^{\gamma}*E^{\theta}*P^{\mu}$$

两边同时取对数，可得：

$$\ln Y = \ln A + \alpha \ln K + \beta \ln L + \gamma \ln G + \theta \ln E + \mu \ln P$$

其中，Y表示总产出，A表示全要素生产率，K表示社会资本存量，L表示劳动力投入量，G表示政府规模，E表示利用外资量，P表示政府治理能力。α、β、γ、θ、μ分别表示资本、劳动、政府规模、利用外资、政府治理能力的产出弹性。

根据以上分析框架，我们建立政府规模对经济增长的计量模型作为本书的基本模型，如下所示：

$$\ln GDP_{it} = \beta_0 + \beta_1 GOV_{it} + \beta_2 \ln SCS_{it} + \beta_3 \ln IS_{it} + \beta_4 \ln FC_{it} + \beta_5 \ln HC_{it} + \beta_6 \ln GL_{it} + \varepsilon_{it}$$

其中，下标i和t分别表示第i个地区和第t年，i=1，2，…，34，t=1995，1996，…，2015。β_0、β_1、β_2、β_3、β_4、β_5、β_6、β_7表示系数，ε_{it}表示残差项。

同时，为了检验政府规模对经济增长的影响是否符合传统的Armey曲线，以及更好地认识政府规模通过政府治理水平会怎样影响经济增长，笔者分别引入了政府规模的平方项和政府规模和政府治理水平的交叉项，构建模型如下所示：

$$\ln GDP_{it} = \beta_0 + \beta_1 GOV_{it} + \beta_2 GOVsq_{it} + \beta_3 \ln SCS_{it} + \beta_4 \ln IS_{it} + \beta_5 \ln FC_{it} + \beta_6 \ln HC_{it} + \beta_7 \ln GL_{it} + \varepsilon_{it}$$

$$\ln GDP_{it} = \beta_0 + \beta_1 GOV_{it} + \beta_2 GOV_{it} * GL_{it} + \beta_3 \ln SCS_{it} + \beta_4 \ln IS_{it} + \beta_5 \ln FC_{it} + \beta_6 \ln HC_{it} + \beta_7 \ln GL_{it} + \varepsilon_{it}$$

三、模型形式选择

为了准确对模型进行估计，需要对模型形式进行检验。具体检验过程分为两个过程，F检验和Hausman检验。上述两个检验的结果如表6-2所示。

表6-2　**门槛效应检验表**

F检验		Hausman检验	
统计量	P值	统计量	P值
1 057.35	0.0000	177.13	0.0000

由表6-2可知，F检验的结果拒绝了混合回归模型的原假设，采用固定效应模型。Hausman检验的结果拒绝了原假设，在固定效应模型和随机效应模型之间选择固定效应模型。综上，本书选择固定效应模型来分析政府规模和经济增长的关系。

绘制地区生产总值与政府收入及支出规模的散点图，同时给出拟合曲线和其95%和90%的置信区间分布情况，分别如图6-6和图6-7所示。

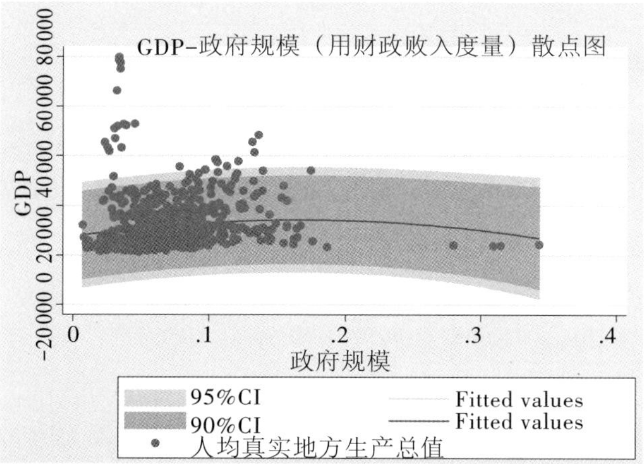

图6-6　地区生产总值与地方政府收入规模的散点图

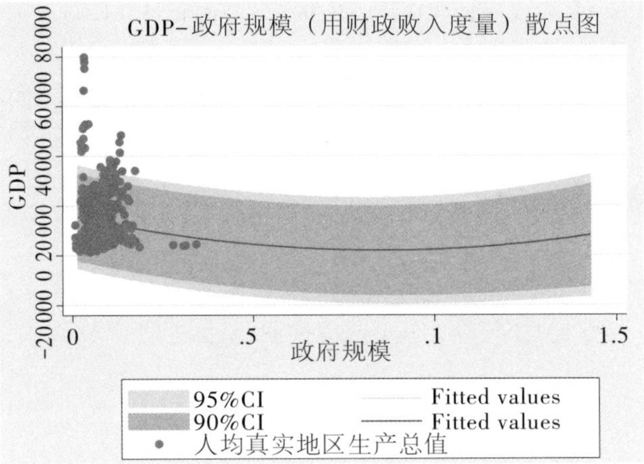

图 6-7 地区生产总值与地方政府支出规模的散点图

由图6-6可知，在用财政收入度量政府规模的情况下，最优拟合曲线近似一条倒U形曲线，从图形上看符合Armey曲线的特点。因此，采用二次项回归模型检验东北地区地方政府规模对经济增长的影响是否符合Armey曲线。

由图6-7可知，在用财政支出度量政府规模的情况下，最优拟合曲线特点不明显，既近似开口向上的二次曲线，根据散点的分布也符合双曲线的特点，因此，分别采用二次项模型和双曲线模型进行回归分析，检验具体的模型形式，从而分析东北地区地方政府规模对经济增长的影响方式和程度。

四、实证结果及分析

对两种度量政府规模的方式各自进行回归，分别估计二次项模型和交叉项模型，在调整了异方差和序列相关之后，所得到的结果如表6-3所示。

其中GOVsq和GOV_2sq表示两种表示方法下政府规模的平方项，GOV_2f表示用财政支出度量的政府规模的负一次幂。

表6-3　　**回归结果表**

变量	财政收入度量		财政支出度量		
模型形式	二次项模型	交叉项模型	二次项模型	双曲线模型	交叉项模型
GOV	-2.618（-1.69）	-1.605^{**}（-3.24）	-1.614^{***}（-4.98）		-0.20（-1.12）
GOVsq	5.440（0.78）		1.954^{***}（5.21）		
GOVGL		-0.00007（-0.03）			-0.007^{***}（-5.47）
$\ln GOV_2f$				0.128^{**}（3.47）	
lnSCS	0.333^{***}（13.99）	0.333^{***}（13.02）	0.333^{***}（15.93）	0.334^{***}（15.34）	0.37^{***}（15.27）
lnIS	0.323^{*}（2.74）	0.327^{**}（2.80）	0.289^{**}（3.00）	0.260^{*}（2.34）	0.24^{*}（2.07）
lnFC	0.050^{***}（4.08）	0.050^{***}（3.91）	0.049^{***}（4.38）	0.048^{***}（4.10）	0.06^{***}（3.88）
LnHC	0.155^{***}（8.91）	0.153^{***}（8.34）	0.164^{***}（8.60）	0.166^{***}（8.71）	4.65^{***}（8.69）
lnGL	0.027（0.93）	0.027（0.77）	0.043（1.29）	0.047（1.35）	0.13^{**}（3.13）
within R-squared	0.8737	0.8699	0.8742	0.8740	0.8699
Prob> F	0.0000	0.0000	0.0000	0.0000	0.0000

注：括号内为t值，***、**、*分别表示在1%、5%、10%的水平下显著。

首先，尝试采用财政收入法度量政府规模，分别采用了二次项模型和交叉项模型进行实证检验，结果如表6-3第2、第3列所示。其中二次项模型中的关键解释变量GOV的一次项和二次项不显著，交叉项模型的解释变量不显著，表明在本书的研究中用财政收入度量政府规模可能不具备合理性。因此，本书采用地方政府财政支出占当期地区生产总值的比重作为政府规模的衡量指标。

其次，采用财政支出法度量政府规模，分别采用了二次项模型、双曲线模型和交叉项模型进行实证检验，结果如第4、第5和第6列所示。其中，二次项模型和双曲线模型的R^2都为0.87，表明方程的解释能力较强，因此，经济增长与政府规模的关系既可以采用双曲线模型，也可以采用二次项模型。

最后，对于政府规模和政府治理水平交叉项模型，模型中的交叉项系数为-0.007，在1%的水平上显著，得出了东北地区政府规模对经济增长的影响也受到政府治理水平作用的结论，而且政府治理水平通过政府规模对经济增长产生的影响为负。这说明，东北地区地方政府的治理水平有待提高，地方政府提供公共产品，本应该对经济增长起到促进作用，但因为治理水平不足，反而起到了抑制作用，这也是东北地区经济断崖式下跌而且东北振兴政策没有起到理想效果的原因之一。

第三节　进一步实证分析和政策建议

一、模型设定

由散点图可知，政府规模和经济增长之间的关系很可能符合倒U形曲线，即很可能存在一个促进经济增长的最优政府规模，而上述回归的结果并没有得出明确的结论，因此，采用面板门槛模型进行进一步实证分析，以研究政府规模和经济增长的具体关系，验证Armey曲线中提到的最优政府规模在东北地区是否存在。

Hansen（1999）提出的门槛模型（Threshold Model）可针对这类问题进行研究，构建门槛变量，根据其不同取值将解释变量划分为不同区间，对因变量进行估计，可以有效避免研究者根据自己的主观判断设定分界点从而带来误差。因此，本书构建面板门槛模型，验证Armey曲线在东北地区是否存在。基本计量方程如下：

$$Y_{it} = u_i + \beta_1 * X_{it} * I(q_{it} \leq \gamma) + \beta_2 * X_{it} * I(q_{it} > \gamma) + control_{it}$$

其中，i=1，2，…，n，表示不同的个体；t = 1，2，…，T，表示时间；Y_{it}和X_{it}分别表示被解释变量和核心解释变量，在本书中分别为经济增长和政府规模；q_{it}表示门槛变量，在本书中为解释变量本身；$I(\cdot)$为一个示性函数，相应的条件成立时取值为1，否则取值为0，$control_{it}$代表一系列控制变量。

二、门槛效应检验

虽然假设存在门槛效应，但其是否具有统计上的显著性还需做进一步的检验。根据Hansen（1999）的建议，采用自抽样法检验门槛效应的显著性。检验结果如表6-4所示。

表6-4　　门槛效应检验

模型	F值	P值	BS次数	1%	5%	10%
单一门槛	10.168*	0.100	300	22.053	15.656	10.221
双重门槛	21.224***	0.000	300	8.109	4.857	3.165
三重门槛	-0.000	0.763	300	0.000	0.000	0.000

根据门槛效应检验可知，双重门槛模型通过了1%的显著性检验，因此本书将模型进一步修正为双重门槛模型：

$$Y_{it} = \beta_1{*}t_{it}{*}I(t_{it} \leqslant \gamma_1) + \beta_2{*}t_{it}{*}I(\gamma_1 \leqslant t_{it} \leqslant \gamma_2) + \beta_3{*}t_{it}{*}I(t_{it} > \gamma_2)$$
$$+ \beta_4{*}X_1 + \beta_5{*}X_2 + \beta_6{*}X_3 + \beta_7{*}X_4 + \varepsilon_{it}$$

门槛估计值和对应的置信区间如图6-8、图6-9以及表6-5所示。

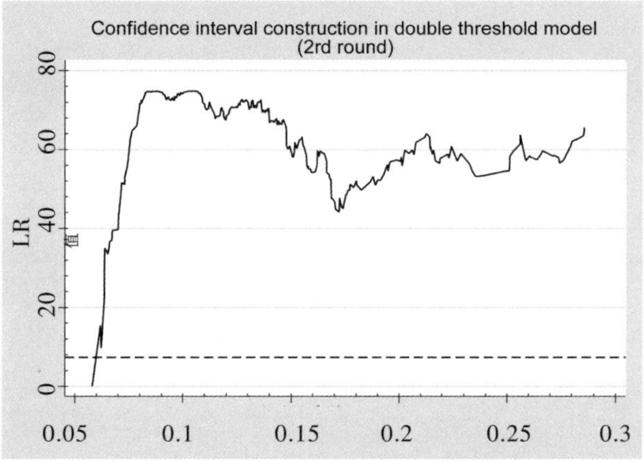

图6-8　第一个门槛估计值和置信区间

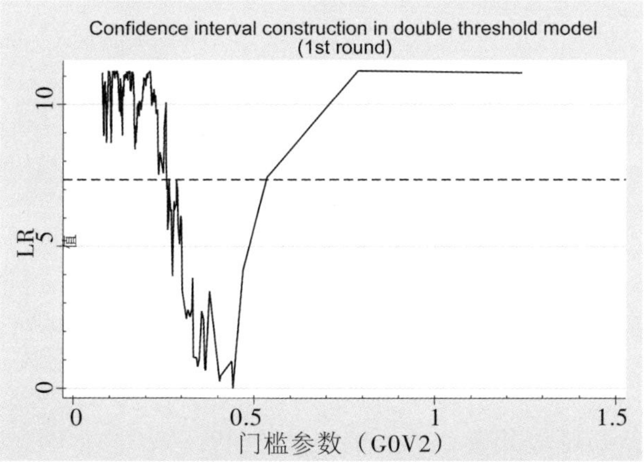

图6-9　第二个门槛估计值和置信区间

表6-5　　　　**门槛估计值表**

双重门槛模型	门槛估计值	95%置信区间
Ito1（g1）	0.058	[0.058，0.058]
Ito2（g2）	0.442	[0.258，0.470]

三、门槛回归结果及分析

根据双重门槛模型，对方程进行估计，回归结果如表6-6所示。

表6-6　　　　**回归结果汇报表**

	（1）单一门槛	（2）双重门槛	（3）三重门槛
lnSCS	0.420*** （33.67）	0.429*** （33.59）	0.426*** （34.48）
lnIS	0.275*** （5.12）	0.253*** （4.75）	0.406*** （7.88）
lnHC	0.143*** （11.16）	0.139*** （10.97）	0.0869*** （7.58）
lnGL	0.0499* （1.80）	0.0393（1.43）	0.0957*** （3.58）
GOV_1	7.857*** （7.32）	7.812*** （6.41）	-0.0231（-0.02）
GOV_2	-0.945*** （-9.06）	-1.348*** （-8.16）	-1.316*** （-8.27）
GOV_3		-0.840*** （-7.87）	
GOV_2			0（.）
GOV_4			-0.809*** （-7.44）
Constant	5.194*** （25.11）	5.261*** （25.75）	4.381*** （23.14）
r2_w	0.850	0.855	0.842
r2_b	0.834	0.848	0.850
r2_o	0.839	0.847	0.843

注：*、**、***分别表示显著性水平为10%、5%、1%。

根据表6-6的估计结果可知，在双重门槛模型中，政府规模和经济增长的关系为基本呈现“倒U形”，在政府规模小于第一个门槛值0.058的时候，经济增长与政府规模呈正相关，政府规模每增长一个单位，地区生产总值增长率提高7.812%；在一、第二两个门槛值之间，经济增长和政府规模之间呈负相关，随着政府规模不断扩大，经济增长率下降；越过第二个门槛值之后，两者之间依然呈现负相关的趋势。根据面板回归和门槛模型的估计结果来看，两者在控制变量的系数上几乎没有什么差别，结果都较稳健。

在经济发展初期，政府投资等活动会显著拉动经济增长，基础设施建设、市场部门建立等也离不开政府的参与，没有政府参与，市场体系不会自发完善，资源也不会自发流动到落后地区。当政府规模持续扩大到一定程度之后，继续扩大政府规模会阻碍经济增长，过于庞大的政府会挤占有限的资源，干扰市场规则，使市场不能充分发挥“无形的手”的作用，妨碍资源合理流动。以政府投资等要素驱动的方式来发展经济，从长久来看一定是不可持续的。当政府规模继续增大，越过第二个门槛值之后，地区生产总值增长率下降势头稍缓，这可能是因为东北地区特殊的历史背景造成的，东北地区国企数量多，当政府和国企的规模足够大时，虽然阻碍了市场机制的正常运行，但也在一定程度上发挥了积极作用。

第四节　主要结论和政策建议

通过以上研究，本书得出以下结论：第一，东北地区政府规模与经济增长近似呈“倒U形”关系，经典的Armey曲线在我国东北地区仍然成立。经济增长与政府规模之间的关系不是简单的先增后降的倒U型，而是存在两个门槛值，在越过第二个门槛值之后，有较为平缓的下降阶段。第二，东北地区政府规模对经济增长的影响受到政府治理水平的作用，且该作用效果为负，东北地区地方政府的治理水平有待提高。

根据本书的研究结果，可提出如下的政策建议：第一，东北地区地方政府，应该在合理范围内缩减规模，构建服务型政府，完善市场环境，充分发挥“看不见的手”的作用，以更好地促进东北地区的经济增长。第二，提升政府治理水平，注重政策之间的搭配和长期效应，提高政府提供公共产品和建设基础设施的规模和质量，为当地企业营造一个完备健全的投资环境和公平与竞争并存的市场环境，更多地吸引其他地区的投资者，打破“投资不过山海关”的传言，促进东北地区的经济增长。

政策应对篇

第七章　高质量发展背景下东北地区新旧动能转换的实证研究

党的十九大报告指出，我国经济已由高速增长阶段转向高质量发展阶段，正处在转变发展方式、优化经济结构、转换增长动力的攻关期。长期以来，我国经济增长主要依靠大量要素投入、大量投资拉动。总体来看，这种旧动能的表现已日渐式微，要更多发挥新动能的作用，依靠技术创新、制度变革、结构优化调整与升级等实现经济向高质量发展阶段转换。

东北地区作为老工业基地，在经济发展中最大的问题就是传统产业或传统动能衰退，新动能、新产业还没有发展起来，可以说，新旧动能仍处于接续转换的过渡期。东北地区深受国家的政策扶持，自2003年以来实施东北振兴战略，重振老工业基地。在高质量发展背景下，国家进行政策布局调整，“一带一路”为东北带来了新的发展机遇，东北是其建设中的重要组成部分。2018年9月，习近平总书记在东北三省考察，主持召开深入推进东北振兴座谈会并发表重要讲话，他强调，要坚持新发展理念，解放思想、锐意进取，深化改革、破解矛盾，扬长避短、发挥优势，以新气象新担当新作为推进东北振兴。在向高质量发展阶段转换的背景下，东北振兴要着重提升新动能在经济发展中的支撑能力，发掘新动力，培育新产业，创新技术，变革制度，优化结构，为振兴东北注入新活力。

第一节　新旧动能转换的内涵及文献综述

一、新旧动能转换的内涵

（一）何为动能

动能是指物体因运动而具有的能量。在经济学中，“动能”是一个相对开放的概念，纵观中西方经济发展史，各阶段发展背后的支撑力并非一成不变的，从本质上来看，各国不同时期发展的主要动力是不断演变的，经济发展过程也是动能接续转换的过程，动能在经济“运动”中释放源源不断的能量，促进生产力的迸发。从世界范围看，工业发展的进程表明，几次生产力的巨大飞跃本质上就是通过新旧动能转换带动的，从而形成全球化的经济动能的变革。第一次工业革命（18世纪60年代至19世纪上半期）实现了机械化生产，蒸汽机的发明应用带动了纺织业等轻工业的发展。第二次工业革命（19世纪70年代至20世纪初）实现了电气化生产，内燃机的发明使工业重心由轻工业向以钢铁、煤炭、机器制造为主的重工业部门发展；电力的广泛应用带动了电器、化学、交通制造业等领域的崛起。自20世纪中叶以来，生产方式逐步向自动化、智能化迈进，电子计算机、空间技术和生物工程等取得重大突破，航空航天业、信息技术产业、电子工业等部门飞速发展。由此可以看出，每一次全球经济的变革都离不开动能所发挥的“内核”作用。

动能提供发展的动力，而动能的形成，需要速度和质量。改革开放40多年的高速发展已取得了卓越的成效，随着各要素禀赋的变化，我国经济发展已进入新的阶段——“新常态”。这一新的历史阶段有三个主要特征：速度换挡、结构调整、动力转换。其中，最核心的内容是动力转换，因为在动力转换过程中必然会带来结构等方面的调整。新动能（或新旧动能转换）其实就是为解决新常态下的动力转换问题而提出的，只有新动能发展壮大了，才能更快地推动新旧动能接续转换，才能更好地引领新常态。要进一步推进改革深化、进行结构调整、建立长效机制，就应当容忍各方调整所带来的阵痛，因此要放弃对增长速度的过度重视，通过转换动能，提升效率，实现经济向高质量发展转变。

（二）何为新动能

要想明白什么是新动能，首先必须清楚什么是旧动能。旧动能可以从两个方面进行分析：第一个方面是需求侧出口、投资、消费“三驾马车”。这种阐述在凯恩斯理论中有系统的分析，这也是传统经济学宏观经济理论分析的核心，是分析经济增长的基本框架。中国经济40多年的高增长主要依靠需求侧的拉动作用，现在这“三驾马车”的推动作用都已日渐式微。第二个方面是我们可以把过去经济增长的模式概括为：主要依靠包括劳动、资本、资源及环境等方面的大量要素投入拉动，造成资源枯竭、环境污染、产品附加值低、房地产泡沫等一系列弊端，这些都可以看作要素粗放投入的表现。这种投入方式也就是旧动能。

与旧动能相对应，我们要寻找新动能。新动能与旧动能主要的区别就在于，旧动能主要通过要素投入量的积累扩大经济总量，新动能通过提高效率促进经济向集约高效转变。所以新动能与传统的旧动能有本质的区别。

怎么界定新动能？本书根据生产函数来分析，生产函数等式左边是地区生产总值或者说是生产总量，等于右边系数即全要素生产率乘以各种要素投入的数量；要素投入属于前面分析的旧动能，新动能则存在于TFP里面。全要素生产率是由什么决定的？可以概括为供给侧的动力：技术进步、制度变革、结构优化。这就是经济高质量新发展背景下的新动能。这与当前政策所强调的创新、改革、转型相对应，是供给侧结构性改革导向下经济发展的推动器。新旧动能转换路径如图7-1所示。

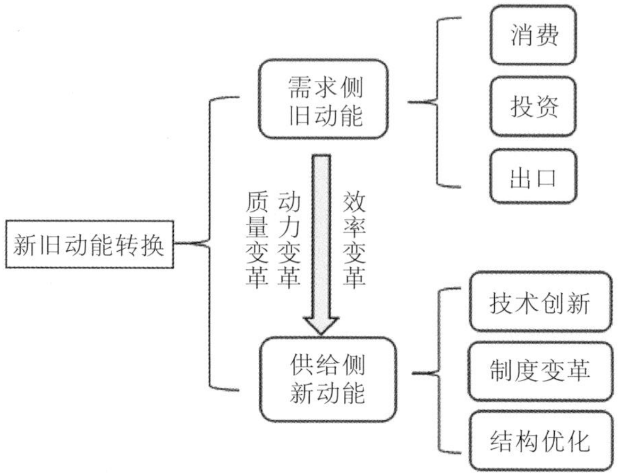

图 7-1 新旧动能转换路径图

（三）新旧动能转换的必要性

新旧动能转换就是要增加新动能的比重，逐步减少旧动能。更谨慎地说，在当前经济发展阶段，我们不可能将旧动能缩小到很小的比重，更不能让其退出历史舞台，比较准确的说法是：实现新旧动能接续转换。这意味着，新旧动能的发挥是一个动态调整、此消彼长的优化过程，旧动能还要发挥一定作用，但地位已不如从前；要更多发挥新动能的优势，提高新动能在整个动力体系中的比重，以实现经济的健康可持续发展。一方面，要在旧动能体系中加入新动能，激发旧动能的潜力，使其焕发新生机；另一方面，通过质量、动力、效率变革，实现接续转化，将推动经济高质量发展的动力转换到新动能上来，使新动能逐渐挑起大梁。在当前经济转型期，培育新动力、新动能的同时，社会矛盾加快释放，要注重预防各种经济风险，做到多管齐下，防止旧动能的剧烈收缩带来的矛盾的激化。

从发展历史看，发展中的经济体在“赶超”过程中，必然会遭遇发展阶段转换问题。我国当前的境况是必须面对的，顺利实现新旧动能接续转换，是能否跨越“中等收入陷阱”的关键，也是贯彻落实发展理念、加快产业转型升级的现实需要，更是实现全面建成小康社会的关键一步。从发展趋势看，在全球范围内，新一轮科技革命正在兴起，在全球产业的竞争中，要保持竞争力，抢占制高点，拥有主导权，加快新旧动能转换、培育新动能是我们的必然选择。

二、文献综述

对于“新旧动能”这一主题包括的相关经济动能，国内外已进行了一定的研究。国内文献中，王小广（2015）分析了中国新旧动能转换的风险和解决方案。对新动能的作用而言，在技术创新方面，刘跃（2016）的研究表明，经济增长过程中，技术创新是直接推动力；张述存（2016）强调了创新的作用，他认为中国目前的经济发展势头应向创新驱动转变，要素驱动和投资驱动势头在下降，在这种情况下应使市场、政府与社会同时发挥引擎作用；孙斌栋（2015）实证分析了技术创新（以专利授权水平为自变量）对城市经济具有显著的正向促进作用。在制度层面，张莉（2014）研究发现制度质量是影响经济的因素之一，其对中国区域经济产生显著的影响效果；从结构角度，黄少安（2017）分析了在动能转换方面必须从产业结构和产业升级的维度寻求增长新动力，改革政府管理方式，寻求改革最大红利；刘雅君（2016）研究发现东北地区制造业发展呈衰退趋势，根本原因在于动力不足，其中资本的带动作用仍较显著，但劳动要素贡献处于较低水平。在转换新旧动能的过程中，任保平（2017）认为，新动力的形成需要供需双方的动力重塑和协调。从实证研究的区域来看，来佳飞等（2016）、李宝会等（2016）分别对浙江省和江苏省经济增长动力结构转换以及新动能培育进行了分析。

国外文献中，关于技术创新对经济增长有大量研究，索洛（1957）在其经济增长理论中，通过测算美国全要素生产率（TFP），以此纵观美国经济增长的推动力，结果表明增长动力的80%得益于全要素增长率的提高，由此说明技术进步是经济增长的推动力。Romer（1986）、Lucas（1988）等学者进一步论证经济增长的动力来源，研究发现长期增长率取决于模型内部知识存量水平的增加，新思想的产生、新技术的研发是经济增长率提高的动力，即是内生增长理论的形成。Lichtenberg（1992）认为企业研发支出反映技术创新水平，而企业技术创新将有效提高生产率；Aghion（2010）、Agenor等（2015）研究发现，技术创新与经济增长相互促进，是一个统一的过程。于制度层面而言，以诺斯（North）为代表的制度经济学派认为，制度可以看作影响经济增长的因素之一，它是经济增长不可或缺的条件，通过影响经济系统内在效率，从而影响经济增长质量。从产业结构的角度分析，Danison（1967）、Maddison（1987）等实证检验了产业结构是经济增长的一个重要变量。当各生产部门具有不同的生产率水平时，如果投入要素从低生产率水平的部门向高生产率水平的部门流动，就会促进总生产率增长（peneder，2002）。Pasinetti（2010）指出，只有产业结构合理，才能使劳动和资本等生产要素自由流动，流向生产率较高的部门，拉动整体经济发展

新旧动能转换的学术研究视角呈现多元化的特征，总的来说，已经达成一些共识：需求侧相关动能仍在发挥作用，技术、制度等要素正在逐渐培育，未来在动能体系中占更多的比重。但是，现有研究仍存在以下不足：第一，大多数研究只构建单一指标分析，未总结多元动能指标并将其加以汇总形成统一框架，忽视了需求供给双侧的有机联系；第二，在实证研究上呈现出碎片化的格局，就研究区域而言，现有相关研究主要关注省域层面，仅集中在个别省级单元，尚缺乏基于市域层面数据对地区新旧动能的探讨和分析。

实质上，在向高质量发展和转变的过程中，我们必须关注供需双方。在需求方面，将通过消费、投资等来重振需求侧的动力；在供给方面，要通过创新驱动、结构调整和制度变革培育新的动能。考虑到高质量发展背景下经济矛盾的主要方面，壮大供给侧力量应该作为新时代经济发展的核心。本书建立了一个多元动能指标体系，包括需求（消费、投资、出口）和供给（创新供给、制度供给和结构供给）两侧，以东北地区34个地级市为研究对象，探讨东北三省新旧动能转换，并以此为依据，以高质量发展为基础探索实现新旧动能转换的路径并提出相关建议。

第二节　东北地区新旧动能转换的现实考察

东北地区作为我国重要的老工业基地，以制造业为主的动能的贡献率不断下降，亟待转变发展方式，依靠高质量的创新驱动、体制供给、产业结构和市场结构等实现东北地区的可持续发展。总体上，创新占比不足、僵化的体制机制、产业结构失衡在一定程度上对东北地区的发展具有抑制作用，通过新旧动能转换破除瓶颈，推进东北地区经济向高质量阶段发展是十分必要的。

一、传统动能优势下降，技术创新不足

东北地区拥有丰富的资源，形成以重工业为主的生产结构，国有企业占比大。近年来，随着资源优势明显下降，国有企业改革重组，强大的工业实力和雄厚的制造业基础已不足以支撑东北经济的持续发展。表7-1呈现了2005—2018年东北地区的地区生产总值增速情况。总体上，以2011年为分界点，之前地区生产总值增速表现为小范围波动；2011年之后，东北地区的地区生产总值增长率开始下降，下降速度明显高于全国水平；自2013年以来，东北三省的地区生产总值增速下降趋势加剧。东北三省地区生产总值增长率的下降表现为其制造业生产能力急剧下降，大多数传统企业已经“风光不再”，陷入困境。由于国内外多种因素的叠加影响，第二产业增加值持续下降。如图7-2所示，自2011年以来，东北三省第二产业增加值占比呈现明显下降趋势。至2016年，黑龙江省第二产业增加值占比不足30%。传统产业不可持续，迫切需要新的经济增长动力。

在东北新旧动能转换过程中，一方面，传统产业尤其是制造业等旧产能过剩问题依旧突出；另一方面，现有的资源难以维系经济健康发展，要更多发挥新动能的作用，但整个东北地区经济发展的新动能明显不足。从技术创新来看，东北地区在高技术产业方面有一定基础，如信息技术的发展和新材料的研发等。但是，劣势也很明显。近10年来，东北地区高新技术企业的数量不断增加，主营业务收入不断提高，但总

表7-1 **2005—2018年全国GDP及东北三省地区生产总值增长率** 单位：%

年份	全国	辽宁省	吉林省	黑龙江省
2005	9.9	12.3	12.1	11.6
2006	10.7	13.8	15.0	12.1
2007	11.4	15.0	16.1	12.0
2008	9.0	13.4	16.0	11.8
2009	8.7	13.1	13.6	11.4
2010	10.3	14.2	13.8	12.7
2011	9.2	12.1	14.0	12.2
2012	7.7	9.5	12.0	10.0
2013	9.5	9.0	8.7	8.1
2014	7.4	5.8	6.5	5.6
2015	6.9	3.0	6.5	5.7
2016	6.7	-2.5	6.9	6.1
2017	6.8	4.2	5.3	6.4
2018	6.6	5.7	4.5	4.7

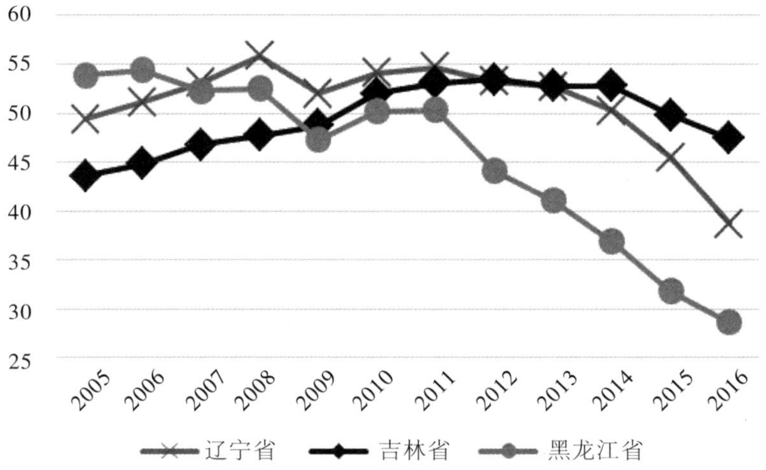

图7-2 工业增加值占地区生产总值比重图（%）

体比例仍不足5%，一些企业陷入亏损僵局。东北地区长期依赖大量要素投入和大量资源消耗，造成粗放式的发展方式，带来了经济惯性，导致东北企业创新发展缺乏信心，缺少创新技术的动力。要扭转对资源和传统工业过度依赖的局面，须通过培育企业家精神、改善营商环境、提高公共服务质量和水平、保护企业创新积极性等方式，不断促进创新成果的转化。

二、促进高质量发展的体制机制滞后

合理的体制机制为高质量的经济发展提供保障，规模适当且有效的政府、有效的市场经济体制是促进东北地区高质量发展的必要条件。然而，东北制度机制的长期不合理限制了高质量的发展。主要表现如下：第一，国有经济比重大，工业企业以大型国有企业为主。虽然国有控股工业企业总资产占比持续下降，但其绝对值仍然在50%左右徘徊。2016年，黑龙江省、吉林省和辽宁省的国有控股工业企业总资产占规模以上工业企业总资产的比重分别为60.2%、51.0%和51.5%（如图7-3所示）。东北地区国有企业仍有较大改革空间，有待推进形成健全的企业激励机制。第二，经济运行仍然由政府管理层主导，这种管理机制是由东北地区的经济结构决定的。在发挥资源配置的作用中，市场角色难以有效发挥，无法保证高质量发展的要求。

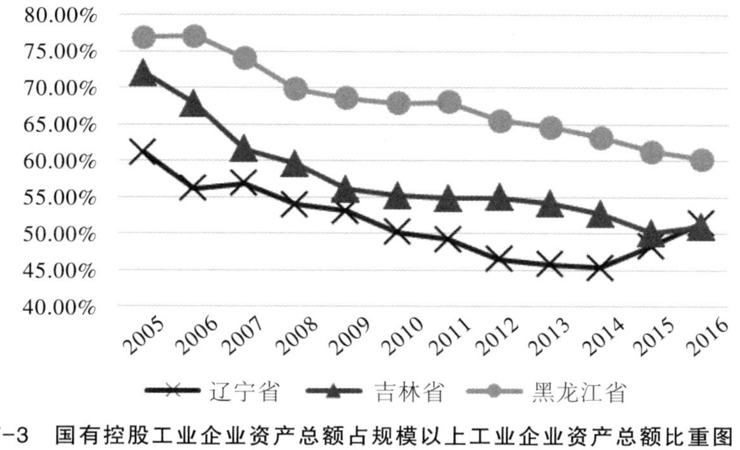

图7-3 国有控股工业企业资产总额占规模以上工业企业资产总额比重图（%）

三、产业结构失衡

由于东北地区固有的资源优势，其生产结构中资源型产业和重工业占比大，是推动区域经济增长的主要动力，表现在其产业结构上为：第二产业比重较高，明显高于全国均值；而在第二产业中，重工业比重又偏高，工业企业占比大。这种产业结构与其创造的产业增值存在错位，具体表现在东北三省的产业增加值占地区生产总值的比重上：如图7-4、图7-5、图7-6所示，东北三省第二产业增加值占比持续下降，自2011年之后下跌趋势更加明显；与此同时第三产业增加值占比稳步上升。这种生产结构模式亟待升级，随着资源枯竭、环境恶化，经济持续健康发展已难以为继，必须改善产业结构失衡的局面。以黑龙江省大庆市为例，大庆市作为典型的资源枯竭型城市，其企业发展模式较为单一，总体上技术含量低，多为初加工企业，处于产业价值链的中低端，缺乏市场竞争力。大庆油田在2015—2017年产油规模持续缩小，导致黑龙江省第二产业和经济总量整体下滑。这种经济结构有很强的依赖性，随着资源的枯竭势必要对经济结构进行调整，以保证经济不会出现明显下滑。东北地区的经济增长主要依赖于“量的增长”和资本要素投入，技术要素禀赋相对欠缺，造成产业结构失衡。这就需要提高经济发展的可持续性，利用新技术连接旧的产能，提升传统产业的竞争力，培育新兴产业，促进产业内部升级，促进产业结构高级化。

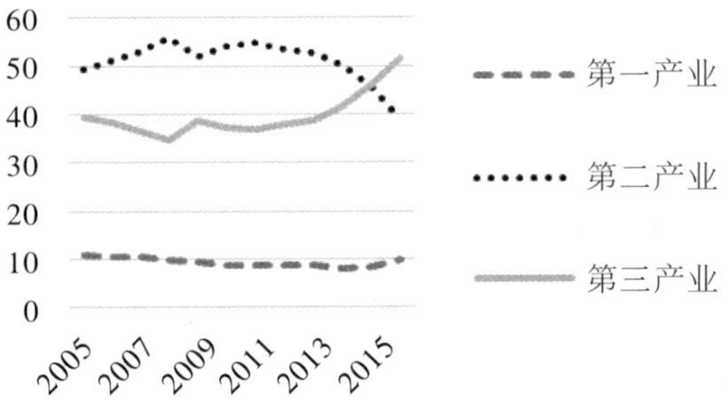

图7-4 辽宁省三产业增加值占地区生产总值比重（%）

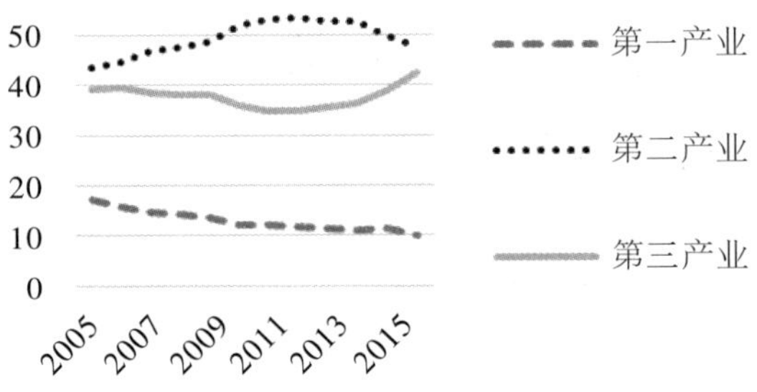

图7-5 吉林省三产业增加值占地区生产总值比重（%）

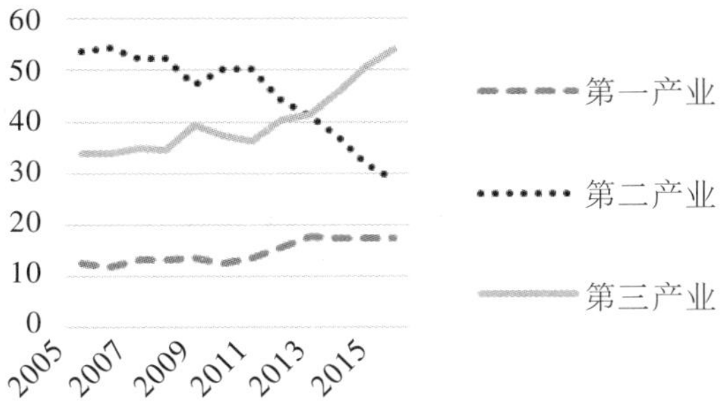

图7-6 黑龙江省三产业增加值占地区生产总值比重（%）

第三节 模型构建与实证结果分析

一、变量选取与模型设定

（一）变量选取

本书选取供需双方指标，构建多元动能指标体系，如表7-2所示。在需求侧方面，根据凯恩斯的需求原理，基于“三驾马车”，选取城乡消费率、资本形成率和对外开放度三个指标，其中：城乡消费率用城乡居民消费性支出与地区生产总值之比来衡量（刘金全，王俏茹，2017）；资本形成率使用固定资产投资额占地区生产总值的百分比来表示（张德荣，2013）；对外开放度指标使用进出口总额占地区生产总值的比重来计算（包群等，2003）。

在供给侧方面，本书从创新、制度和结构三个维度筛选指标。创新供给选用技术创新和区域创业两个维度来衡量。用技术进步水平指标衡量技术创新，技术进步水平使用科技从业人数占地区总从业人数的比例来表示；区域创业维度使用区域企业家精神来表示，本书使用私营个体企业就业人数与总从业人口之比来计算（杨宇，郑垂勇，2007）。制度供给维度选取政府规模与市场化水平来衡量，其中：政府规模指标借鉴沈炳珍、黄漓江（2012）的做法，使用政府支出与地区生产总值之比来表示政府对经济的干预程度；市场化水平指标用地区生产总值减去财政收入与地区生产总值之比表示，数值越大表示市场化水平越高（丁辉侠，2012）。关于结构供给方面，考虑到市级数据的可获取性和科学性，本书参考张静（2015）的做法，产业结构高级化使用第三产业产值比第二产业产值来测量。

表7-2 **经济发展动能指标体系**

指标	变量	定义	文献依据
需求	X1：城乡消费率	城乡居民消费性支出/地区生产总值	刘金全、王俏茹（2017）
	X2：资本形成率	固定资产投资额/地区生产总值	张德荣（2013）
	X3：对外开放度	进出口总额/地区生产总值	包群、许和连、赖明勇（2003）
创新供给	X4：技术进步水平	科技从业人数/总从业人数	
	X5：区域企业家精神	私营个体企业就业人数/总从业人口	杨宇、郑垂勇（2007）
制度供给	X6：政府规模	政府支出/地区生产总值	沈炳珍、黄漓江（2012）
	X7：市场化水平	（地区生产总值-财政收入）/地区生产总值	丁辉侠（2012）
结构供给	X8：产业结构高级化	第三产业产值/第二产业产值	张静（2015）

（二）模型设定

本书选取2005—2016年东北三省34个地级市的面板数据为样本，各指标描述性统计如表7-3所示。数据来自黑龙江省、吉林省和辽宁省统计局年度统计年鉴。

对东北三省供需两侧新旧动能进行回归检验，由于统计指标存在缺失，为使估计更为准确，本书选用面板数据进行回归分析，其一般形式为：

$$Y_{i,t} = \alpha_i + \beta_i X_{i,t} + \varepsilon_{i,t} \quad (i = 1, 2, \cdots, n, t = 1, 2, \cdots, T) \tag{1}$$

表 7-3　　　　**各指标描述性统计**

变量	样本个数	单位	最小值	最大值	均值	标准差
GDP	408	亿元	22.7613	7 731.6363	962.2681	1 406.079
X_1	201	%	0.1120	0.7448	0.5901	0.8912
X_2	408	%	0.0763	1.0041	0.6388	0.2612
X_3	225	%	0.0009	0.5229	0.3112	1.3424
X_4	408	%	0.0012	0.2844	0.0220	0.0226
X_5	408	%	0.0088	0.6703	0.5139	0.2490
X_6	408	%	0.0396	0.3024	0.1675	0.1916
X_7	408	%	0.6567	0.8909	0.8232	0.0392
X_8	408	%	0.1171	1.6118	0.6659	0.2338

上式 X_{it} 为解释变量，即上文中选取的用来对东北三省经济增长进行分析的新旧动能指标体系。由于选取的解释变量个数为8个，因此 X_{it} 为表 7-3 中的各指标，β_i 为通过模型回归获得的参数，ε_{it} 是随机误差项。根据以上设计，运用新旧动能指标体系，本书构建如下面板数据模型：

$$GDP = \alpha_i + \beta_1 X_1 + \beta_2 X_2 + \cdots + \beta_8 X_8 + \varepsilon_t \tag{2}$$

其中，X_1，X_2，X_3，…，X_8 即表 7-3 中的各指标，β_i 为自变量的系数，ε_{it} 为随机误差项。由于各变量存在水平上的较大差异与波动，为减少模型的多重共线性，消除异方差的影响，并根据变量的经济意义，本书对模型变量进行对数化处理，式（2）变为：

$$LnGDP = \alpha_i + \beta_1 LnX_1 + \beta_2 LnX_2 + \cdots + \beta_8 LnX_8 + \varepsilon_t \tag{3}$$

为避免“伪回归”等问题，确保结果的稳健性，本书根据数据的特点，使用 ADF-Fisher 检验数据的平稳性。通过绘制序列曲线图来分析不同变量，发现截距项和时间趋势是不同的，检验结果如表 7-4 所示，可发现所有变量在 5% 显著性水平下通过单位根检验，拒绝原假设。

表7-4　　变量单位根检验

Variable	检验类型	ADF-Fisher	结论
LNGDP	（0，T）	0.0000	平稳
LNX1	（0，0）	0.0000	平稳
LNX2	（C，0）	0.0000	平稳
LNX3	（C，0）	0.0000	平稳
LNX4	（0，0）	0.0000	平稳
LNX5	（0，0）	0.0000	平稳
LNX6	（C，0）	0.0001	平稳
LNX7	（C，0）	0.0000	平稳
LNX8	（C，0）	0.0000	平稳

注：在显著性水平5%下判断序列的平稳性；（C，T）中C表示单位根检验中截距项存在，T表示趋势项存在，若C或T为0，表示不含有趋势项或者截距项。

协整关系是指所研究的经济变量的某种线性组合是平稳的。协整检验用于确定变量之间是否存在长期关系，也可用于区分“真实回归”和“伪回归”。在本书中，Kao检验用于检验模型使用的数据之间是否存在协整关系，结果如表7-5所示。从检验结果的T值和P值判断，在5%的显著性水平下，模型序列之间存在长期均衡关系。

表7-5　　协整检验结果

指标	模型
Kao ADF	5.2120
	（0.0000）

注：数值为T统计量，括号内为相伴P值。

常用的面板数据模型有三种：混合效应、固定效应和随机效应。各模型特点不同，应进行具体分析。在考虑选取何种模型时，有一个很重要的考虑因素就是变量和数据的完全性。由于本书存在个别数据的缺失，因此应该进行回归模型的检验，选择更适合的模型进行回归分析。首先通过检验确定是否采用混合效应模型，在运用F检验和BP检验后，得出的检验结果如表7-6所示，在5%的显著水平下，F检验和BP检验的概率P值均为0.0000，因此可以得出结论，相较而言，固定效应模型比混合效应模型更有效。接下来，为了确定模型是在随机效应模型中还是固定效应模型中选择，运用Hausman检验，检验结果如表7-7所示，可以看出，在5%的显著性水平下，模型拒绝了原假设，因此应该采用固定效应面板数据模型。

表7-6　　F检验和BP检验

	T值	P值
	23.32	0.0000
BP检验	100.85	0.0000

表7-7　　Hausman检验结果

Hausman	模型
Chi（n）	65.53
P	0.0000
结论	拒绝原假设（5%）

注：在5%的显著水平下进行检验。

二、参数估计与结果分析

（一）参数估计

首先估计回归方程，结果显示如表7-8列（1）所示，模型中变量LNX4、LNX5和LNX7统计结果不显著，将平方项添加到变量后，再次执行回归，回归结果为列（2）。此外，分别对需求侧指标及供给侧指标对经济增长的作用进行回归，以单独观察新旧动能的实际影响效应，回归结果为列（3）、（4），与列（1）、（2）结果呈现相似的趋势。

（二）结果分析

结合表7-8中的回归结果，可以进行以下归纳。

1.需求侧分析

从消费指标来看，消费对东北三省经济发展具有显著抑制作用。从

表 7-8　　面板数据模型的参数估计结果

变量	(1)	(2)	(3)	(4)
LNX1	-1.188936*** (0.000)	-0.8818375*** (0.000)	-1.446081*** (0.000)	
LNX2	0.1975868 (0.055)	0.1270084 (0.190)	0.563957*** (0.000)	
LNX3	-0.1282905 (0.100)	-0.0992462 (0.171)	-0.0721614 (0.372)	
LNX4	-0.017953 (0.744)	0.0857857 (0.743)		0.0809125 (0.112)
LNX5	-0.0051228 (0.875)	0.1089991*** (0.000)		0.0086547 (0.721)
LNX6	0.8285733*** (0.000)	0.7101024*** (0.000)		0.8582603*** (0.000)
LNX7	-0.2977828 (0.829)	-6.794109** (0.016)		-0.7083529 (0.417)
LNX8	-0.0921519 (0.503)	-0.0936445 (0.470)		-0.2926185*** (0.000)
C	15.28149*** (0.000)	15.32064*** (0.000)	14.0103*** (0.000)	17.08208*** (0.000)

注：***、** 分别表示在 1% 和 5% 的显著水平下拒绝原假设，接受备择假设。

系数看，列（1）、（2）、（3）影响系数均显著为负。这表明虽然城乡消费型支出是需求侧的重要一端，是“三驾马车”这一传统经济增长动力的重要组成部分，通过内需拉动经济增长是政策取向所在，但随着供需结构的不平衡，消费者需求不能完全满足，消费对经济增长的贡献在不断下降。整体来看作为传统动能的消费性支出对东北地区的带动作用已不显著甚至将阻碍经济发展。

从投资指标来看，东北三省整体资本形成率的系数为正，系数在表中列（1）、（2）不显著在列（3）显著为正但系数均不大，表明资本供给对东北三省的经济发展具有正向拉动影响但其影响在减弱。在经济生产活动的过程中，资本作为要素之一，参与到其中，通过转化自身的价值形式创造出商品，同时又随着资本的不断积累扩大再生产。东北地区制造业占比大，以资源能源等为主的生产结构需要资本的大量投入，投资作为经济增长的重要需求侧动能之一，仍将发挥对经济增长的促进作用。

从对外开放指标来看，回归系数均为负，表明对外开放对东北三省经济增长促进作用有限，甚至表现出抑制作用，对经济发展影响不显著，是正在逐渐衰弱的传统动能，需要引起重视。东北地区虽然有良好的地理优势有利于对外贸易的展开，但与东南地区相比仍处于劣势。近些年来，尤其是2008年的金融危机，对世界各国的经济发展造成了一定的冲击，外部需求急剧下降。这造成沿海城市大多出口乏力，陷入"疲软"状态，经济增长率下降趋势明显。尽管对外开放在东北三省沿海或边境城市的经济增长中发挥了重要作用，但总的来说，对外开放的作用在下降。

2.供给侧分析

从创新供给指标来看，技术进步水平和区域企业家精神都具有正向作用，其中，技术进步水平系数为正但不显著，区域企业家精神在列（2）显著为正但在列（4）不显著。说明整体来看创新供给对经济发展有正向促进作用但影响仍然较小，是处于成长初期或孕育期的新动能。在未来的发展中应发挥技术进步对经济发展的促进作用，进一步加强技术供给。对于区域企业家精神指标，回归结果表明东北三省整体的企业家精神仍处在孕育中，存在一定的时间滞后性，需要进一步的培育。

从制度供给指标来看，政府规模对经济发展具有显著的正向促进作用，从系数来看均显著为正，说明东北地区的政府规模与其经济结构特点相适应，发挥了积极作用。但其影响系数较小，仍属于成长初期或孕育期的新动能。市场化水平对区域经济增长有一定的抑制作用，从系数来看显著为负且影响系数相对较高。这是由于东北地区自身的发展轨迹和地域特点，造成市场化水平作用不明显，市场化程度有待深化。此外市场化改革的增长效应存在地区差异，对发达地区的影响较大，对欠发达地区带动力较弱。东北地区要在其经济发展的基础上注重提高市场化水平。

从结构供给来看，产业结构高级化系数在列（1）、列（2）为负，不显著，在列（4）显著为负，其影响系数较小，表明产业结构高级化对东北三省各区域经济发展具有抑制作用，仍需培育使其发挥对东北振兴的正面导向作用。这在一定程度上表明，产业结构与经济的发展的作用关系较为复杂，产业结构要达到合理化，必须与一定的劳动力素质、技术水平相适应，才能使相关生产要素得到有效配置，从而促进经济发展。

第四节　主要结论与政策建议

一、主要结论

第一，需求侧的动能指标对经济发展的驱动能力不足，传统动能日渐衰微，消费对经济增长具有显著抑制作用，投资对东北三省的经济发展具有显著正向影响，仍需增加资本供给。对外开放对经济增长的促进作用对经济发展影响不显著，其动力在逐渐衰弱。

第二，供给侧的动能指标对经济发展的驱动力整体上在上升但仍较弱，存在较大的提升空间。技术进步水平和区域企业家精神都对经济增长具有正向促进作用，是处于成长阶段的新动能。制度供给方面，政府规模对各区域的经济发展具有积极影响，市场化对区域经济增长有一定的阻碍作用，这种阻碍不利于经济的增长，需要从根本上破除发展的体制机制障碍。产业结构高级化对东北地区经济增长具有较小的抑制作用，这部分新动能仍需继续培育，使其发挥对东北振兴的正面导向作用。

第三，东北地区传统动能衰弱，新的动能处于孕育成长的关键时期，新旧动能实现接续转换的过渡还有很长的路要走。总体而言，需求侧中资本这一动能仍需发挥带动作用；供给侧中，继续发挥技术创新和政府的正向导向作用，市场化水平和产业结构高级化水平是需要培育和转变的新动能。要不断壮大供给侧主要动能，开发需求侧动能的潜力。

二、政策建议

本书在高质量发展背景下对东北地区新旧动能转换问题进行考察，利用2005—2016年34个地级市的面板数据对假设进行了实证检验。基于本书的实证分析及其结论，针对东北地区新旧动能的转换，本书提出如下政策建议：总体思路是以传统动能发掘为基础，通过供给侧结构性改革，探索需求侧的动能潜力，释放更多活力；以新动能的培育为重点，将新动能与旧动能有机地结合起来，使供需双方协调发挥力量，推进东北地区新旧动能的接续转换。

第一，通过软硬环境提升并重吸引外资，创造良好的营商环境，促进企业振兴。首先要完善相关法律法规和政策，创造良好的外商投资软环境，利用东北亚战略和“一带一路”倡议，进一步吸引资本和技术；其次要创新投融资运作模式，引导资本向生态环境、新材料、生物技术等领域升级，延长产业价值链，提升产品质量。

第二，提升技术进步水平，培育区域创业精神。实现高质量发展，破除东北振兴难题，缓解长期积累的矛盾，这就要求首先从思想上逐步改变传统观念，树立创新意识、人才意识等。二是加快技术创新，基于自身发展优势，开发相关领域的核心技术，关键技术。三是培育多元化的企业家精神，企业家通过不断开发新产品引领技术的创新发展。通过加大人力资本的投入，完善人才激励机制，引进人才。

第三，进一步推进政府职能转变，处理好政府与市场的关系，处理好市场经济与公共部门的关系。在东北地区，国有企业比例大、行政效率低，在这些问题的困扰下，地区政府应该积极转变自身职能，创新管理方式，营造良好的市场环境；同时，必须发挥市场在资源配置中的决定性作用，构建一个更加完善的市场体系，使资金、人才、技术等自由流动。完善现代企业制度，激活社会主义市场经济发展的活力。

第四，优化产业结构，实现产业发展高质量。这作为解决东北问题的一个主要难点，必须重点把握：一方面，要抓好传统优势产业，提高质量增加效益，重点提升传统制造业的竞争力，延长产业链。例如，必须改造以石油、煤炭等为原材料的资源型产业，提高精深加工水平。另一方面，要发挥东北地区优势，发展接续替代产业，加速形成以新材料、新能源等为代表的战略性新兴产业，坚持发展以特色农产品等为代表的特色区域产业，促进集群式发展和区域合作。

第八章　新型政商关系推动东北高质量发展的作用机制与优化路径

党的十八大以来，我国反腐力度增强并一直处于高压状态，根据中纪委的工作报告，2012—2017年，全国纪检监察机关共立案154.5万件，处分153.7万人。反腐已成为常态，众多案件牵扯出政商勾结利益输送等问题，反映出当前政商关系是一个严峻的现实命题。这需要从根本上切实解决政商关系，使其不至于失去制约而影响经济发展甚至危害社会和谐稳定。政商关系的不健康发展是对保障经济增长的制度环境的极大扭曲和破坏，使市场“变质”，机制丧失，扰乱市场秩序；使官员失去“初心”，逐利行为频繁发生，道德品格沦丧。这种合谋行为使资源配置效率低下，将生产性活动的要素用于寻租性活动，政商利益关系固定化，危害经济增长，高质量发展更无从谈起。

基于对党的十八大以来政商关系新变化的审慎度势，习近平总书记于2016年3月全国“两会”期间，在看望参加全国政协十二届四次会议的民建、工商联委员时用“亲”和“清”两字阐述了新型政商关系。他指出，对领导干部而言，所谓“亲”，就是要坦荡真诚同民营企业接触交往，帮助解决实际困难。所谓“清”，就是同民营企业家的关系要清白、纯洁，不能以权谋私，不能搞权钱交易。对民营企业家而言，所谓“亲”，就是积极主动同各级党委和政府及部门多沟通多交流，满腔热情支持地方发展。所谓“清”，就是要洁身自好、走正道，做到遵纪守法办企业、光明正大搞经营。习近平总书记提出的“亲”“清”二字奠定了新时代政商关系新生态的主基调，试图扭转政商的发展轨迹，重构健康的政商关系，指引政商良性互动。2016年以来，东北地区经济增长出现“断崖式下滑”，东北三省实际地区生产总值增长率位居全国最后四名，至今仍然没有大的起色。很多专家学者对此进行了分析，甚至引发了争议，但是多数专家学者都认为，东北地区经济下滑的主要原因是营商环境恶化。因此，通过对东北地区高质量发展现状进行考察，构建新型政商关系推动新一轮东北振兴实现高质量发展显得尤为重要。

对新型政商关系的研究多以理论为主，主要沿着两条主线：一是从权力与资本的视角分析政商关系的实质及其异化的原因。张学娟（2017）将政商关系定位为权力与资本的关系，认为权力与资本两者是市场经济体制的孪生物，两者的不健康发展会生成“权力-资本产业链”，影响社会分配和公平正义。靳浩辉（2017）深刻洞察权力与资本的关系，论述权力资本化和资本权力化的具体现象，分析资本权力两者异化的危害，将亲清论看作对资本权力的重构。张国清（2016）从传统马克思主义的角度揭示权力和资本既得利益者面临着双重诱惑，使他们之间易于联合以榨取更多的剩余价值。二是从不同角度构建新型政商关系的优化路径。王帅（2018）认为要完善国家法治建设，实现对市场资本的约束、对政府公权边界的限定，构建资本与权力的隔离机制。邓凌（2018）认为要建设重商亲商的法治和服务型政府，通过强化社会、组织、民主监督体系，为政商关系的良性互动提供保障。何文靓（2017）阐释了形成与亲清关系相适应的商业文化的重要性，认为要从宏观和微观层面共同营造社会主义市场经济下的现代商业文明。孙丽丽（2016）认为构建新型政商关系是一项系统性工程，需要在全面深化改革的同时，从加快法治型政府建设、明确官商交往规则以及构建新型政商文化等方面多管齐下。此外，一些学者从不同角度分析和研究新型政商关系，李永胜（2018）从治国理政的角度分析新型政商关系的意义，胡凤乔（2018）对新时代下政商关系的内涵进行不同层面的解读，并结合实际简要论述实现亲清关系的具体方略和机制设计。孙德超（2019）基于“亲”和“清”两个核心要素进行组合，将政商关系划分为四种类型，分析不同类型的特征和相互之间的动态转化机理。管考磊（2019）运用政商关系健康指数进行实证分析，研究结果表明亲清新型政商关系能促进企业创新。以上这些研究为我们理解亲清新型政商关系拓宽了思路，但也存在一些不足，当前研究领域较集中，缺乏宏观视角下政商关系对经济发展的作用分析，尤其是高质量发展阶段新型政商关系对我国现代化建设和区域发展的重要作用研究不足，对新型政商关系的讨论在理论和实践层面都有待于拓展和深化。本书试图从以下几个方面提供一些新视角：一是从社会主义市场经济建设的角度，重新看待新型政商关系的本质；二是从理论上论述新型政商关系推动高质量发展的作用机制；三是以东北地区为例，对该地区政商关系和高质量发展状况进行现实考察并提出选择路径。

第一节　新型政商关系推动高质量发展的作用机制

一、新型政商关系的本质是有为政府与有效市场的统一

政商关系是一种多层次的复杂结构，它是一种将政治权力、行政资源与经济利益、市场行为联系起来的社会关系，它体现的既是一种政治关系，也是一种经济关系。“政”代表的是官员、权力，“商”代表的是企业家、资本，政商关系即官员与企业家的关系、权力与资本的关系，一种是两类人群的交往，另一种是两种资源的运用。然而人身处于组织机构中，各类要素资源的流动使用内嵌于宏观环境中，权力的背后是政府的公权，资本的背后则是市场的力量，政商关系的实质体现着政府与市场的关系。政商关系是官员与企业家、权力与资本、政府与市场等诸多因素相关联交织的综合产物，在中国特色社会主义新时代，建设成熟的社会主义市场经济尤其要注重政府与市场的关系。纵观我国社会的发

展，可以发现改革开放的历史既反映了中国特色社会主义市场经济的发展，也体现着政商关系的变化发展。

改革开放以后，经济建设不断探索资源配置的手段，自1992年邓小平“南方谈话”以来，市场的活力不断释放，市场发挥作用的空间持续扩大，资本作为一种“中性”要素参与配置，在各类经济活动中“政”与“商”的关系越来越紧密。但从现实发展来看，资本参与公平竞争的机制受阻，或者说市场这一有效配置资源的手段无法正常发挥，政府过多“嵌入”经济社会的发展中，拥有绝对的权力。究其原因，可以解释为：其一，由于我国计划经济体制所形成制度依赖性，以政府为主导的治理模式被直接移入已发展变化的经济环境中；其二，新的与市场机制相匹配的规则制度还未建立或还未成熟，企业依然按照旧有方式解决日益激烈的竞争中遇到的问题。这就导致政商关系呈现出“亲而不清”的状态，官员这一代表政府公权的群体利用转型期内体制上的漏洞牟取利益，侵蚀国有资产；企业家在市场竞争中依然按照“找市长”而不“找市场”来解决经营中遇到的问题。更有甚者，两者勾结，企业找“市长”或利用资本寻求政治地位，而政府或说其代理人即官员收受贿赂，形成利益输送通道，这种行为破坏了生产性活动而将资源用于寻租性活动，造成整个社会的效率低下，市场无效，政府无为，带来消极影响。

政商关系的不健康发展需要重新审视，为了扭转这种局面，党的十八大以来，持续高压的反腐已成为常态，在这种政治环境中，政府公职人员畏于严厉的惩罚和仕途终结的风险，往往过于谨慎，不敢积极主动地与企业家进行交往，甚至是职权之内的事情也存在不为的现象，这种“清而不亲”的状态也把政府与市场割裂开来。权力与资本异化形成的“亲而不清”和“清而不亲”都不是正常的政商关系，“亲而不清”“清而不亲”分别与“市场失灵”和“政府无为”相对应。“只亲不清”会强化政府的干预，造成权力异化，市场机制失灵，资源配置效率低下；“只清不亲”状态下政府怠政不为，无法为市场的运行提供制度保障。政、商之间的“不亲近”和“不清白”都会造成扭曲畸形的状态，只有“亲”再加上“清”，实现政商关系的良性互动，才有利于市场有效性的发挥和拓展政府有为的空间，亲清新型政商关系的本质是有为政府与有效市场的统一。

在中国特色社会主义市场经济的建设中，需要政府与市场协同起来，形成一种相互联动的体制机制，充分发挥社会主义市场经济的制度优越性。新型政商关系厘清了政府与市场的关系，最大限度发挥好各自作用，“清”意味着要发挥市场有效优化配置资源的作用，使经济更加有效率，“亲”意味着政府要施展大有作为的空间，更好地发挥稳定宏观环境、弥补“市场失灵”等作用。“清”+“亲”使社会主义市场化改革更加深化的同时，政府在对市场机制准确把握的基础上积极有为，实现有效市场与有为政府的统一，两者有机结合共同建设社会主义市场经济。亲清新型政商关系是经济体制改革中关于政府与市场关系的重要指导思想，是中国特色社会主义市场经济制度的重要内容。实现全面建成小康社会和中华民族伟大复兴的中国梦，离不开市场在资源配置中的决定性作用，也离不开政府积极有为构建宏观制度环境。有效的市场与有为的政府有机结合才是成熟的社会主义市场经济。

二、新型政商关系推动高质量发展的作用机制

现代市场经济的运行规律要求政商之间展开合作，一方面，现代市场经济产品、技术、服务、管理等变化迅速，这要求充分利用市场机制参与全球化竞争，以精准掌握发展趋势应对未来竞争；另一方面，资本日益集中集聚，全球性市场风险加大，在一些领域企业的投资具有不确定性，需要政府信用支持，在重大基建民生工程、稳定社会治安、保护生态环境等方面，也需要政府积极作为以保证经济稳定包容可持续发展。在经济向高质量发展转变的过程中，需要有效市场和有为政府协同作用，重构政商关系营造风清气正的良好环境，推动经济增质保量。

我国经济进入新常态，需求与供给发展不平衡不充分，矛盾日益突出。“十三五”规划纲要把推进供给侧结构性改革作为改革主线，实质就是解决供需不匹配的矛盾，提高供给质量，优化供给结构，实现创新、协调、绿色、开放、共享高质量发展。新型政商关系的提出既是为解决政治问题，更是为解决经济问题。从供给侧结构性改革角度看，

“政”即政府提供制度供给，“商”即企业（市场），是产品、技术等供给方，亲清新型政商关系通过重构两者关系使双方各尽其职，企业自觉运用市场机制创新技术提高效率和质量，政府破除营商领域的体制机制障碍为企业注入活力。一方面，优化政商生态使政府在清廉的政治环境下积极谋发展有作为，提升服务水平，加大有效制度供给，提升行政效率，为市场提供有益发展的制度环境，营造公平公正的市场氛围，增强企业发展动力，服务于整体经济的发展；另一方面，亲清关系为企业发展扫清各种制度障碍，使企业一心一意搞生产，定下心来在创新技术水平、提高产品服务质量与效率、实现结构优化和升级、提供满足人民需要的有效供给上多下功夫。亲清关系下的“政”“商”双方形成良性互动，有利于供给侧结构性改革的推进，使供给侧与需求侧精准衔接协同并进；有利于经济发展动力向依靠技术创新、制度变革、结构优化等新动能拉动转变，推动效率、动力、质量变革，实现新旧动能接续转换，推动经济高质量发展。

第二节　东北地区新型政商关系与高质量发展的现实考察

一、东北地区新型政商关系现状

目前，对政商关系的考察起步晚，指标还较零散，对亲清关系的具体度量数据还较少，较全面客观分析亲清政商关系的报告是聂辉华等发布的《中国城市政商关系排行榜》，该报告从“亲”“清”两个维度对200多个城市的政商关系进行评估和排名，从政府对企业的关心、政府为企业提供的各类服务、企业的税费负担考察“亲”，从政府廉洁度和政府透明度考察“清”，并通过标准化处理赋予权重形成综合政商关系健康指数，是我国第一份城市政商关系排行榜。政商关系排行榜已连续发布，与2017年相比，2018年报告在保持指标体系一致性的基础上将城市数量增加到292个，数据来源更加丰富权威，这为我们分析比较东北地区现实政商关系发展状况提供了合理的依据。总体来看，东北地区在亲近指数、清白指数和政商关系健康指数排名中均垫底，且省内各城市间差距明显，政商关系的不健康发展较为明显。

（一）总体政商关系现状

按区域看，2018年东北地区政商关系健康指数为19.6，在所有区域中排名最后，与华东（37.2）相差近20个指数点，总体水平差距明显（见表8-1）。从总的城市排名看，东北地区无得分较高者，三省无一城市进入前20名。有5个城市进入到100名内，排名最靠前的是21位的长春和23位的大连，沈阳、哈尔滨、葫芦岛分别位于第39位、60位、63位，虽然较2017年的排名有明显上升，但省会城市和沿海开放城市与华东、华南地区城市相比差距仍然较大，缺乏竞争力。按城市级别划分看，在重点城市的政商关系健康指数排名中，仅有沈阳排在第18位，跻身前20，而在普通城市排名中东北地区城市无一进入前20。

表8-1　**各区域政商关系健康指数**

大区	政商关系健康指数	亲近指数	清白指数	大区	政商关系健康指数	亲近指数	清白指数
华东	37.2	25.3	64.0	西南	26.7	17.3	52.0
华南	34.1	24.5	56.6	东北	19.6	15.9	34.0
华北	22.9	17.0	41.2	华中	24.3	18.1	42.8
西北	22.4	16.0	42.2				

资料来源：聂辉华课题组. 中国城市政商关系排行榜2018［EB/OL］.［2020-08-30］. http://nads.ruc.edu.cn/zkcg/ndyjbg/1031da3ad5a846e39111bb4bcd84fe81.htm.

（二）政商关系中"亲近"状况

从区域看，2018年华东地区的亲近指数最高（25.3），其次为华南（24.5）和华中（18.1），而东北地区得分最低，亲近指数仅为15.9，相较2017年亲近指数27.17下降近12个指数点（见图8-1）。从省级行政单位看，辽宁省亲近指数处于中等水平，吉林省和黑龙江省分别排在第26位和第30位，位于省级排名的末端，尤其是黑龙江省，亲近指数由2017年的倒数第7位下滑至倒数第2位，"亲近"程度持续恶化。从省内差异看，三省内部差异都较明显，吉林省差异最大，其次是黑龙江省和辽宁省。

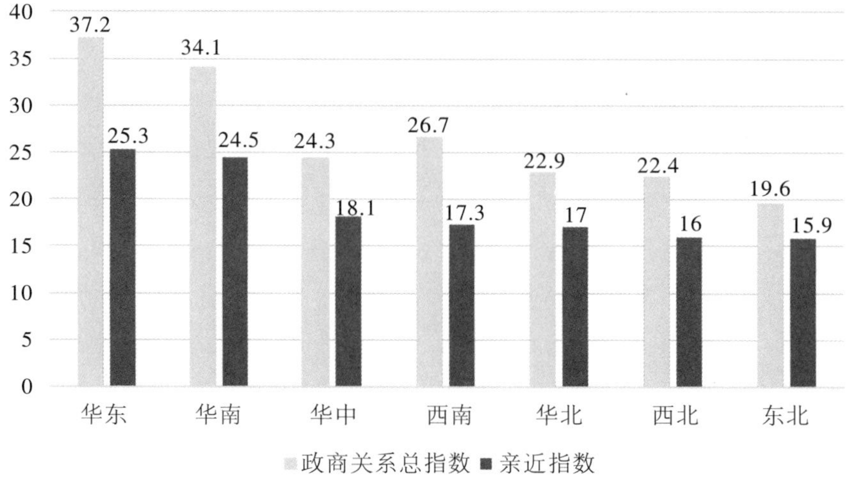

图8-1 各区域政商关系总指数、亲近指数

（三）政商关系中“清白”状况

从区域看，2018年华东（64.0）和华南地区（56.6）得分最高，与2017年相比，西南、西北地区由于“政府廉洁度”表现突出清白指数明显上升，东北地区名次明显下滑，排名最后，与华东地区相差30个指数点，差距进一步拉大（见图8-2）。按省份来看，三省排名均不理想，辽宁省、吉林省清白指数分别位列倒数第8和第10，黑龙江省清白指数排在倒数第二位。从省内差距看，三省内部各城市间差异大，辽宁省、吉林省标准差相对较高。

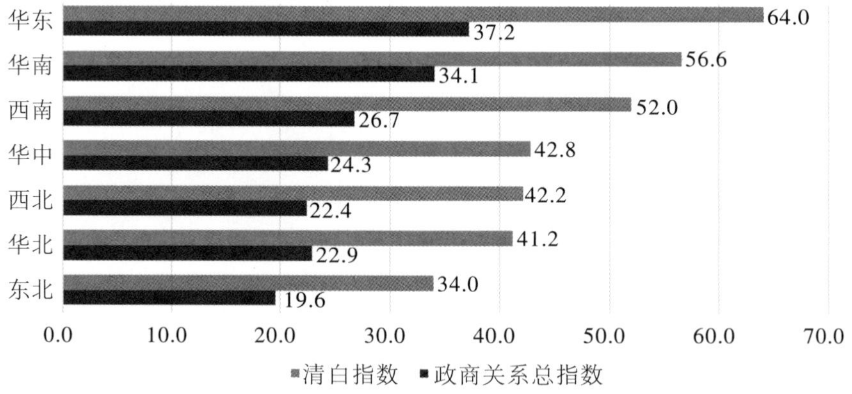

图8-2 各区域政商关系总指数、清白指数

二、东北地区高质量发展的现实考察

（一）传统动能优势下降

东北地区工业多以资源依赖型产业为主，尤其以重工业为主。近些年来，需求锐减使得钢铁、煤炭等行业大量减产，在去产能等政策因素叠加下，这些行业陷入亏损的困境，使得依赖重工业发展的东北地区经济下行压力加剧。整体来看，自2003年实施东北振兴战略以来，东北地区整体经济活力有所增强，经济增速提高。2013年以来我国进入新常态，在多种内外部影响因素的综合作用下，东北三省的地区生产总值增速显著放缓，绝对数量呈下降态势，占全国GDP比重急剧下滑（见图8-3）。东北地区经济增长模式亟须从依靠资源的高耗能模式向依靠全要素生产率提高、技术创新、制度变革等新动能转变。

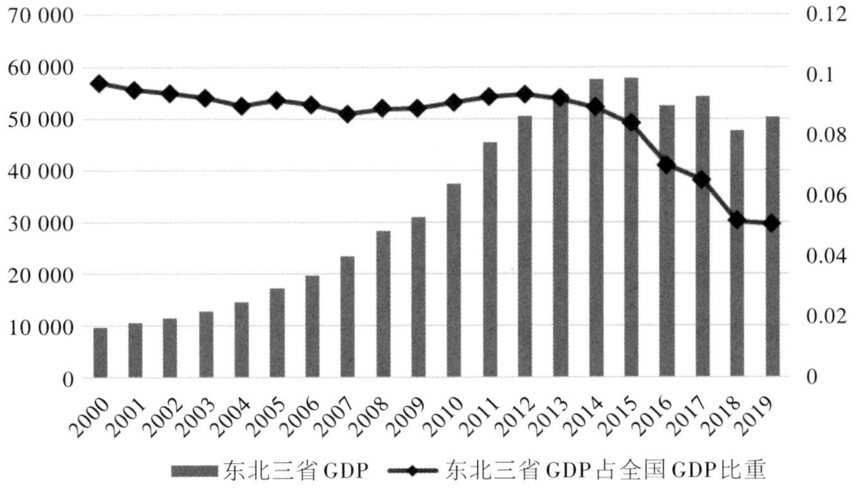

图8-3 2000—2019年东北三省地区生产总值及占全国比重

（二）促进高质量发展的体制机制滞后

主要表现如下：第一，东北地区经济运行仍然由政府主导，市场角色难以有效发挥资源配置的作用，民营企业发展受阻。民营企业获得财政等政策支持困难，隐形壁垒较多，不利于创新发展，影响了东北地区经济发展的活力。第二，国有经济比重大，工业企业以大型国有企业为主。2018年，黑龙江省、吉林省和辽宁省的国有控股工业企业总资产占规模以上工业企业总资产的比重分别为60%、54%和48%，显著高于全国平均水平。第三，东北地区未形成畅通良好的产学研相结合的转换机制，人才流失严重。

（三）产业结构比重不合理

从产业结构来看，2017年黑龙江省和辽宁省的产业结构呈现“三二一”特征，吉林省呈现“二三一”特征，第二产业比重仍居第1位。一方面传统工业的产能过剩问题严重，利润呈下降趋势。2013年以来，黑龙江省、吉林省和辽宁省的产能利用率分别为70.0%、72.0%和69.2%，远低于全国平均水平。2018年，辽宁省、黑龙江省规模以上工业企业利润总额由2016年的负增长转为正增长，而吉林省利润总额较2017年降低了20.5%。另一方面，东北地区服务业发展水平仍然不足，虽然近年来服务业增加值占地区生产总值的比重逐年上升，但仍然低于全国平均水平。

第三节 新型政商关系助推东北经济高质量发展的制度困境与路径选择

一、制度困境

东北作为“共和国长子”，在改革开放之前，一直都是中国战略上最重要的地区。从解放战争开始，东北的粮食和工业制成品，就源源不断地通过铁路向全国各地运输，中华人民共和国成立后我国工业体系的建设、国防实力的强大，靠的也是东北源源不断的产能，为保障国家安全和促进经济建设提供充足供给。改革开放后，东北的发展动力日渐疲软，主要表现在：在国有企业进行主要生产、各类资源进行集中生产配给的计划经济下，东北的计划体制更加明显，形成政府“包揽一切”的管理模式。制度一旦形成就具有依赖性，在这种模式下政府官员掌握着绝对的权力，百姓有问题“找市长”，形成某些非正式制度。计划经济体制、政商之间的非正式制度，国有经济比重大等相互交织，相互作用，形成制度困境，这严重阻碍了东北地区市场经济的发展。在这种制度环境下，政商之间趋向于非正常交往，营商环境差，企业无法取得政府优质服务资源，生产经营无以为继。政府缺乏服务意识，只看重短期绩效，只引资不注重长期合作和发展。企业由于可持续发展的环境缺失，投资数量和效益下降，进一步恶化了政商环境。正是这种长期以来的体制机制，使东北地区经济发展和营商环境陷入了一种恶性循环，构建亲清政商关系、促进经济高质量发展是十分必要的。

二、路径选择

要将亲清关系落到实处，就是要厘清政府与市场、政府与企业、官员与企业家的关系，处理好政府与市场的关系是关键。发挥市场天然优势优化资源配置，在此基础上建立积极有为的政府，构建“亲”上加“清”的政商关系，促进东北地区经济高质量发展。

一是转变政府职能，构建有为政府。政府要转变以管理为主的思想观念，提高服务水平，培育民营企业发展的土壤，留住人才，吸引投资。明确政府的角色和边界，进一步推进市场制度建设，引导支持非公有制企业的发展，激发经济活力。尊重资本作用的发挥，与企业多沟通、常交流，及时掌握企业发展现状，积极作为。加强官员队伍的素质建设，坚持反腐常态化，营造风清气正的环境。

二是培育企业家精神，搭建政商沟通平台。东北地区发展的关键是要创新技术、升级优化产业结构，形成推动高质量发展的体制机制，要大力培育企业家精神，深化市场化改革，形成集约化生产的模式，发挥地区优势，发展特色产业，节约资源，提升效率。搭建政商沟通的平台，一方面政府要建立制度性沟通机制，主动引导和倾听；另一方面要充分发挥社会组织、商会、协会的作用，提高沟通效率，使交往关系更加正式。政府与企业不再是垂直的权力结构关系，企业成为平等的主体与政府交流沟通。

三是完善法治建设，形成监督体系。法治不仅对市场资本形成约束，更将政府权力关进制度的牢笼，完善的法治建设有利于维护市场秩序、提高市场效率，有利于将政府的权力边界限制在合理的范围内，以满足社会主义市场经济高质量发展的需要。这就需要监督体系作为保障，既要对政府监督，也要对市场监督，构建司法、媒体、网络、公民等为一体的监督体系，落实亲清关系。

第九章　东北振兴如何在“去杠杆”中实现“保增长”

随着改革开放的进程不断加快，东北作为“共和国长子”近些年来一直处于结构调整和转型升级的挣扎之中，东北经济问题更是受到频频热议。伴随着当前经济全球化的冲击和我国经济进入新常态，东北地区经济出现断崖式下滑，地区生产总值等宏观经济指标增速纷纷出现大幅回落，经济增长旧动力减弱和新动力不足的结构性矛盾突出。产业结构不合理明显暴露，人才大批量流失，发展面临重重困难和挑战。为此，自2015年12月开展的中央经济工作会议以来，以习近平同志为核心的党中央提出了供给侧结构性改革的新战略，“三去一降一补”作为接下来的经济工作任务也随之出台，金融“去杠杆”则是其中的首要任务。2016年，习近平总书记在部分省区座谈会上再次提到东北老工业基地的新一轮发展振兴问题。2018年9月，习近平总书记在东北三省进行考察，他强调了要落实好党中央关于东北振兴的一系列决策部署，坚持新的发展理念，以新气象新担当新作为推进东北振兴。

金融是一国重要的核心竞争力，经济增长离不开金融发展。关于两者之间的关系国内外学者早有研究，最早由Levine（1997）系统地提出“金融发展可以降低交易成本、扩大市场交易，促进技术创新，推动经济增长。金融发展是一种除物质资本与人力资本之外的决定国民经济增长绩效的重要因素。”早期学者认为两者之间存在一种线性关系，以我国学者为例，谈儒勇（1999）较早对中国金融发展与经济增长之间的关系进行实证研究，他采用1993—1998年的季度数据，认为中国金融中介发展和经济增长存在显著正相关。周立等（2002）通过分地区方法对中国金融发展与经济增长关系进行检验，结果显示各地区金融发展与经济增长强相关，金融市场化与经济增长相关性十分显著。但近年来的深入研究逐渐发现，金融杠杆与经济发展之间并非单纯的线性关系，“金融发展的不同阶段会对经济增长产生不同影响，当债务超过一定水平后，甚至会拖累经济增长。”（Cecchtti和Kharroubi，2012）。本书更倾向于这种观点。在理论研究方面，吕芳（2008）通过经济增长代理变量、投资代理变量、进出口代理变量、金融发展代理变量和政府支出代理变量五个变量因素来研究实证两者的非线性关系。张振家（2019）梳理和评述了金融部门功能如若未得到正确实现将对经济增长带来怎样的负面影响，以及经济增长对金融发展的作用表现在经济增长对金融发展具有正向促进作用和非线性促进作用两个方面。在实证分析方面，国外学者Law和Singh（2014）将私人信贷总额占GDP比重作为金融杠杆的衡量指标，通过实证研究分析出金融杠杆对经济发展的门槛为88%，当低于88%时，对经济发展具有正向促进作用，相反，则出现负向作用。陆静、唐小我（2009）基于内生经济增长的基本原理，得出只有在稳态经济增长中，金融发展对经济增长才具有正向的作用，而在非稳态中，只有保持适度的增量资本投入，才具有推动作用。杨友才（2014）以金融发展作为门槛回归变量，得出在不同的金融发展水平下，金融发展对经济增长的作用不同，表现为门槛效应和边际效率递减的非线性特征，且金融发展在东、中、西部不同地区对经济增长的反应也不同。马勇、陈雨露（2017）采用系统GMM估计方法对金融杠杆及其波动对经济增长的影响进行了研究，结果表明金融杠杆和经济增长之间存在显著的“倒U形”关系。周姝彤等（2019）基于二元Var模型，采用全样本格兰杰因果检验进行实证研究，得出东北地区的经济增长与金融发展之间存在着非对称关系，即金融发展促进经济增长，但经济增长未能带动金融发展。

近几十年衰落的东北老工业基地经济发展已经步入危险期，解决东北地区经济问题迫在眉睫。东北地区第二轮振兴应该从哪方面转变，大量学者基于不同视角给出了不同见解。闫春英（2018）提出，东北振兴离不开金融资源和金融服务的支持，需要结合相关政策并借鉴先进地区的实践经验，继续加大创新力度，尝试通过建立专门的政府引导基金、完善PPP融资模式应用、发展绿色金融以及灵活运用互联网众筹融资等方式支持东北振兴。刘雅君（2018）通过对东北产业效率演变特征的分析，理清影响东北经济的增长因素，并且提出新一轮东北振兴背景下东北产业效率的优化策略。本书则致力于探讨如何基于金融发展与经济增长的关系带动东北地区新一轮振兴，通过梳理前面学者的文献，我们发现，现有的国内经济增长与金融发展文献较多从全国角度出发，或以省级地区为单位，而并未对某地区所包含的地级市进行详细分析。金融发展会对不同地区、不同时区以及不同的经济发展水平产生不同的效果，"去杠杆"也需因地制宜。为此，本书基于东北地区31个地级市2003—2017年的面板数据，通过时间序列、协整检验、计量模型等方式探索东北地区杠杆率的合理波动区间，在该门槛内，东北地区既可以做到有效去杠杆，同时又可以保持经济平稳增长。

第一节 东北地区经济增长与金融发展的统计分析与现实考察

一、实行东北振兴政策以来经济增长的速度下滑

中华人民共和国成立初期，东北地区凭借着得天独厚的自然优势，大力发展重工业、农业和国有经济，经济发展水平一度位居全国前列。但伴随着改革开放的进行，资源被开发枯竭、实体经济结构不合理等问题浮出水面。东北经济陷入了恶性循环，经济环境差，企业家不愿到东

北地区投资；发展潜力不足，大批人择外地学习、就业，人口流失严重。地区生产总值是衡量经济增长的重要指标，本书选取了东北三省31个地级市2003—2017年度的地区生产总值指标来研究东北发展状况，图9-1呈现的5条折线分别为东北三省各自的地区生产总值增速、东北三省增速与全国GDP增速。这十几年间，东北三省的地区生产总值总体增幅较为明显。其中，辽宁省从2003年的6 002.54元增长至2017年的23 942元，始终位于东北三省首位，但是通过观察增长率可以看出，增长率从2011年达到顶峰的20.41%之后，则进入一个低谷，2014年基本上停滞不前，在2016年更是出现了地区生产总值负增长的情况，虽然可能与之前的数据纰漏存在一定的关系，但是辽宁省经济发展的潜力不足，现有经济发展形式已经不能满足经济持续发展的需求的问题仍十分明显。而吉林省和黑龙江省经济发展水平较辽宁省相对缓慢，与全国相比更是被远远地甩在后面。再纵观整个东北地区平均地区生产总值增速，2010年后，三省的地区生产总值平均增速都呈现明显下降趋势，2011—2013年跌幅最大。以2013年为分界点，2013年以前，东北地区凭借先天优势，增长速度虽然下滑但依然始终高于全国水平，但2013年以后三省的地区生产总值增速下滑严重，远低于全国水平，后期更是处于倒数的位置，并且与全国平均水平的差距越来越大。在经济新常态下，东北地区经济下行压力持续加大。

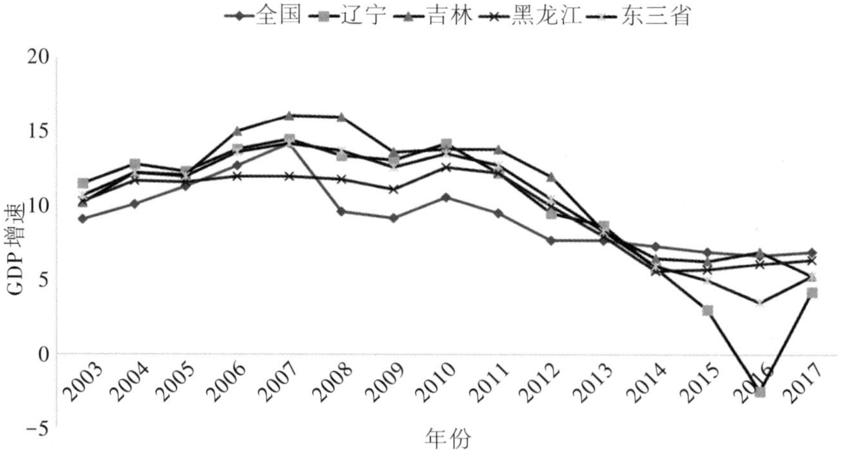

图9-1 东北地区与全国的经济增长率比较

东北经济屡次陷入困境的现象，引起了中央政府和全社会的广泛关注。归纳出的主要经济下滑因素有，历史形成并遗留下来的体制性问题和结构性矛盾，经济增长新动力不足和旧动力减弱，国有企业比重过大，体制僵化等现象使得东北地区经济一波三折。东北地区的产业结构问题突出表现在产业结构不合理，第一、第二产业占比大，第三产业占比低，高新技术产业发展缓慢，自主创新能力较弱，技术集约化程度较低等方面。这源于历史遗留下来的弊端。东北地区曾经拥有的资源优势已经不在，伴随着市场经济体制不断确立和完善，先进技术和设备进口的冲击，东北地区的结构性问题逐渐凸显。东北老工业基地要顺应经济新常态的要求，围绕供给侧结构性改革，从共性问题和个性问题两个方面入手，加快转变原有的经济发展方式，加快失衡产业结构的优化升级，增强东北地区经济发展的活力。

二、东北地区金融发展的相对滞后

随着金融改革的不断深化，东北地区存在的金融问题日趋明显，问题主要表现为：金融机构组织体系不健全；金融生态环境不佳，不良信贷多；中小民营企业融资困难，产业结构不合理。图9-2中金融发展以存贷款占GDP比重来度量，从图中我们不难得出结论，近10年来东北三省金融发展水平始终低于全国。其中，辽宁省金融发展状况相对较好，并在2016年超过全国平均水平，吉林省和黑龙江省金融发展形势愈发严峻。受金融危机的影响东三省的金融发展水平在2008年达到最低点，此后，黑龙江与吉林两省基本与全国金融发展情况走向大体一致，但始终存在较大差距。总的来看，东北地区金融业总量小，金融产业占地区生产总值和地区第三产业的比重极低，金融发展急需改进。

自1978年实施改革开放以来，东北地区的区域金融与经济两者始终处在"低均衡"的状态。特别是国家实施金融体制改革后，金融机构由单一的国有银行转变为国有银行、股份制银行、保险公司、信托公司等多种金融机构并存的特点，投资方式也由银行贷款转为保险、金融机构贷款、债券融资等多重手段。而东北地区企业融资主要依靠银行贷

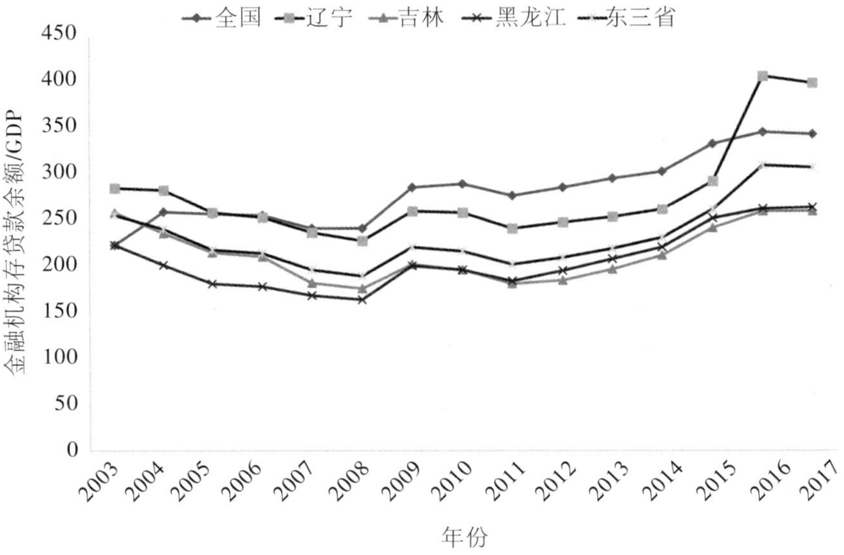

图 9-2　东北地区与全国的金融发展水平比较

款，且主要依赖国有商业银行，其融资结构中间接融资占绝对主导地位，直接融资严重滞后，负债率居高不下，融资渠道狭窄，投资体系较东部发达地区有较大的差距；且资金主要流向大型国有企业，小微企业、民营企业等融资难，民营企业投资信心不足。此外，在现代市场经济中，经济规模的扩大和产业结构的优化必然要求金融业提供更大规模和更多样化的金融服务。而东北地区的国有大型企业效益已大不如前，中小民营企业由于区域环境差、资金收益缓慢，也没有能力支付全部的改革成本，政府又不得不大量举债。这使得东北地区的债务杠杆居高不下，政府部门杠杆率超标，债务负担加重，财政收入减少，入不敷出，政府面临巨大压力。在经济新常态下的东北地区要实现经济持续、快速发展，关键在于正确把握金融发展与经济增长的关系，并且建立起与全国经济快速增长相适应的现代金融体系。

三、经济增长与金融发展的协整分析

由于我们所选取的衡量经济增长与金融发展的数据指标多为变量，即具有非平稳性，易产生伪回归，多元非平稳序列之间可否建立动态的回归模型，关键在于它们之间是否具有协整关系。因此我们选择采用协整分析来检验金融发展与经济增长之间的相关性。如表9-1所示，本书按照省份分别对变量进行单位根检验，发现几乎所有变量在5%显著性水平下均无法拒绝原假设，变量存在单位根过程。进一步地，本书继续按照省份对变量做面板协整检验，考察变量之间是否存在长期均衡的协整关系。根据Kao检验给出的五种统计量，其对应的P值均小于0.05，故可在5%水平上拒绝"不存在协整关系"的原假设，认为存在协整关系。综上所述，我们可以得出中国金融发展与经济增长之间具有显著的正相关关系，为下一步回归分析做出了前提条件。

表9-1　　东北三省时间序列协整检验

协整检验指标	辽宁省	吉林省	黑龙江省
Modified-Dickey-Fullert	0.0000	0.0139	0.0000
Dickey-Fullert	0.0031	0.0288	0.0000
Augmented-Dickey-Fullert	0.0013	0.3657	0.0015
Unadjusted-Modified-Dickey-Fullert	0.0001	0.0027	0.0000
Unadjusted-Dickey-Fullert	0.0037	0.0167	0.0000

第二节　门槛模型设定、变量选取与数据说明

一、门槛模型设定

根据上述分析可知，经济增长也许是会随着金融发展的变化而同样发生变化的，也就是说存在各种不同的作用区间。使用门槛变量来决定分界点从而将研究样本进行分段这一思想最早是由Hansen提出来的，通过不断地对门槛变量的观察值进行分段回归从而估计出来的适合的门槛值，能够十分有效地回避以往研究者在构建模型时使用主观判定分界点这一弊端所造成的分段点的选择性偏误。因此，本书基于面板门槛模型，使用单一门槛模型对面板门槛模型进行解释说明，其基本方程可设定为：

$$gdp_{it} = \alpha_i + \beta_1 x_{it} + \beta_2 cdk_{it} I(q_{it} \leq \gamma) + \beta'_2 cdk_{it}(q_{it} \geq \gamma) + e_{it} \quad (1)$$

其中，$i = 1, 2, \cdots, N$，N表示不同的城市；$t = 1, 2, \cdots, T$，T表示时间，gdp_{it}表示gdp增长率，cdk表示金融发展水平，β_1和x_{it}向量包含城镇化水平cshl、对外依存度jckl、固定资产投资占比gdzc、产业结构dscyzb。q_{it}为门槛变量，e_{it}为残差项，γ为门槛值。（1）式中的I（·）指的是一个指标函数，当满足某一条件时这个函数的取值为1，否则取0。那么根据门槛变量q_{it}和门槛值γ的大小进行排序就可以将样本的观察值根据分界点从而分为两个不同的区间，而这两个区间的不同则主要是通过不同区间内的门槛变量前的回归系数β_1和β_2表现出来的。为了剔除该模型估计中会遇到的个体效应，采取“组内去心”的方法，也就是每个观察值都减去其平均值，若以矩阵形式表现，则式（1）可转换为：

$$Y^* = x^*(\gamma)\beta + \varepsilon^* \tag{2}$$

当给定γ值时，本书采用普通最小二乘法得到参数β的一致估计量，即$\hat{\beta}(\gamma) = [x^*(\gamma)'x^*(\gamma)]^{-1}x^*(\gamma)'Y^*$，残差向量是$\hat{e}^*(\gamma) = Y^* - x^*(\gamma)\beta^*(\gamma)$而残差平方和为$S_1(\gamma) = \hat{e}^*(\gamma)'\hat{e}^*(\gamma)$。根据Hansen（1999）的做法，本书采用最小二乘法来估计并获得γ的值，即$\hat{\gamma} = \arg\min \hat{\gamma} S_1(\gamma)$。

二、变量选取与数据说明

本书的被解释变量是经济增长水平，具体来说就是使用GDP增长率来度量，一国或地区的经济发展水平主要靠国民收入来衡量。本书的核心解释变量为金融发展水平，由存贷款之和占GDP比重来衡量，从宏观层面对金融杠杆水平进行衡量，合理呈现了“杠杆率”。

为了更加具体地考察金融发展对经济增长的影响，本书选取存贷款之和占GDP比重作为门槛变量，通过门槛变量能够得出“去杠杆”在哪一个区间是适度的，可以保持经济平稳增长。在金融发展的不同阶段、不同地区，金融发展对经济增长的影响各不相同。因此杠杆率是门槛变量的核心。本书选取4个控制变量指标来衡量东北地区的特征，分别为：对外开放水平jckl，由出口占地区生产总值的比重衡量；城镇化水平cshl，由城市人口占总人口的比重衡量；国有企业占比gdzc，由固定资产投资额衡量；产业结构dscyzb，由第三产业占地区生产总值比重衡量。以上四种变量均会对经济增长产生影响，其中产业结构对经济增长作用明显。本书采用的是2003—2017年的东北三省31个城市面板数据，由于大连市、辽阳市、松原市的数据不全，所以这三个地级市没有包括在内，变量的描述性统计具体见表9-2。

表9-2 **变量的描述性统计**

变量名称	变量含义	计算方法	平均值	标准差	最小值	最大值
gdp	地区生产总值增长率	(当期地区生产总值-上一期地区生产总值）/当期地区生产总值	0.110824	0.067472	-0.19380	0.291000
cshl	城镇化水平	城市人口/总人口	0.514449	0.148458	0.253000	0.869000
jckl	对外依存度	出口总额/地区生产总值	0.085006	0.137597	0.000510	1.028237
gdzc	固定资产占比	固定资产投资额/地区生产总值	0.556399	0.245814	0.000018	1.286290
dscyzb	产业结构	第三产业总值/地区生产总值	0.375529	0.080472	0.110500	0.605100
cdk	金融发展	存贷款/地区生产总值	2.149891	1.041424	0.497500	10.73910

第三节 实证结果分析和政策建议

一、基于面板固定效应的基本回归

为了检验东北三省的经济增长与金融发展之间是否存在相关关系，我们使用如下计量模型：

$$gdp_{it} = \alpha_i + \beta_1 x_{it} + \beta_2 cdk_{it} + \beta_3 cdk_{it}^2 + e_{it}$$

根据2003—2017年东北三省31个城市的面板数据，通过简单最小二乘法（OLS）来检验。根据表9-3的回归结果可知，cdk项和cd k^2 项的系数分别为-0.662154和0.0052646，P值均为0.000，通过显著性检验，也就是说金融发展和经济增长呈倒U形关系，经计算当杠杆率为62.8873989时，地区生产总值增长率取得最大值。接下来我们进行门槛效应检验寻找门槛值。

表9-3 **固定效应回归结果**

变量	结果	变量	结果
cshl	-0.4098206*** (-5.66)	jckl	-0.0019571 (-0.07)
gdzc	-0.042476*** (-3.16)	dscyzb	-0.4276724*** (-6.37)
cdk	-0.662154*** (-6.27)	cdk^2	0.0052646*** (5.10)
_cons	0.61838348*** (15.70)	r2	0.4231
r2_w	0.4231	N	465
F	52.32		

注：“***”表示在1%水平上显著。

二、基于门槛模型的回归检验

（一）门槛效应检验

本书使用汉森（Hansen，1996，2000）的Bootstrap方法来获得检验统计量的P值，以此来判断是否存在门槛效应。首先，为了确定回归模型的形式或者说使用几重门槛模型来进行回归分析，我们需要知道到底存在几个门槛值，并需要进行门槛效果检验。从表9-4中可以得到我们进行门槛效果检验所需要的F值统计量以及与之相对应的P值。从中可以看到，一重门槛效果检验的P值为0.057，门槛效果在10%的水平上是显著的，而二重门槛效果并不显著，自抽样P值为0.179。因此，我们下面的回归分析使用的模型为一重门槛模型。具体模型如下：

$$gdp_{it}=\alpha_i+\beta_1 x_{it}+\beta_2 cdk_{it}I(q_{it}\leqslant\gamma)+\beta'_2 cdk_{it}(q_{it}\geqslant\gamma)+e_{it}$$

表9-4　　门槛效果检验及估计值

				临界值		
	F值	P值	估计值	10%	5%	1%
一重门槛	16.36	0.057	2.3464	14.3957	16.8069	22.1176
二重门槛	11.23	0.179	1.7803	13.0754	14.8563	19.7907

为了帮助大家更好地理解门槛值以及置信区间，我们绘制了相应的似然比函数图，见图9-3。在我们的门槛模型中门槛变量对应的估计值为2.3464。根据这两个门槛值的大小关系我们可以将金融发展程度细分为低水平（CDK≤2.3464）和高水平（CDK>2.3464）两个子样本进行相应的考察。

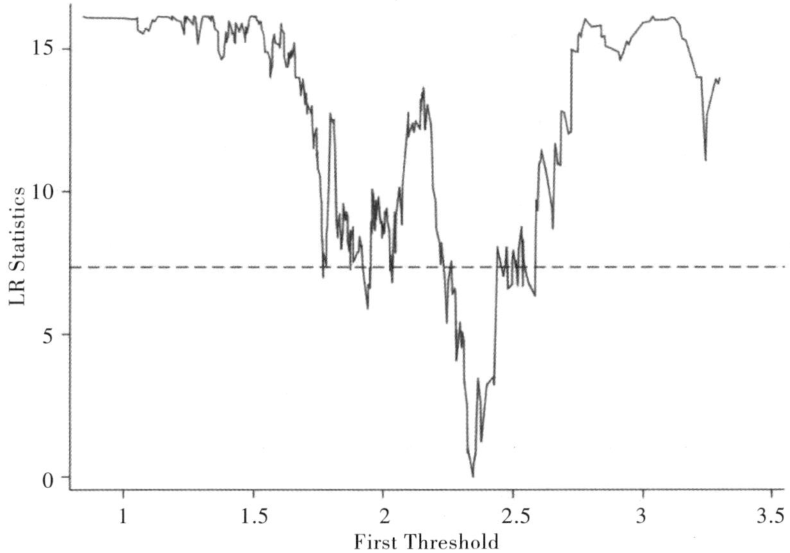

图9-3　门槛的估计值和置信区间

（二）门槛估计结果

由表9-5的估计结果可知，将金融发展程度根据门槛值234.642将样本分成了（0，2.3464］和（2.3464，∞）两段，从金融发展前面的系数来看，整个曲线呈现出倒U形形态，也就是说存贷款率与地区生产总值增长率之间的系数由于所处区间的不同确实出现了由正到负的转换。具体来看，当金融发展程度小于2.3464时，也就是处于低水平的金融发展程度时，存贷款率的系数为0.00616，没有通过显著性检验，在此阶段金融发展与经济增长不存在相关关系。当金融发展程度大于2.3464时，存贷款率的系数变为负值-0.00926，并且在5%的显著性水平上是显著的，也就是说，经济增长和金融发展之间存在负向相关关系，即金融发展每增加一个单位，地区生产总值增长率减少0.00926个单位。同时从其他控制变量来看，城镇化水平、产业结构、国有企业占比均通过了显著性检验，且与经济增长呈负相关关系。遗憾的是对外依存度没有通过显著性检验，我们认定经济增长与对外依存度没有关系。

表9-5 **门槛回归结果**

变量	结果	变量	结果
cshl	-0.447^{***} (-6.13)	jckl	-0.00874 (-0.30)
gdzc	-0.0349^{**} (-2.58)	dscyzb	-0.542^{***} (-8.58)
cdk<=234.642	0.00616 (0.87)	cdk>234.642	-0.00926^{**} (-2.05)
_cons	56.67^{***} (13.92)	r2	0.410
r2_w	0.410	N	465
F	49.47		

三、主要结论与政策建议

本书以金融发展规模（存贷款总额占地区生产总值比重）作为门槛变量，基于东北三省31个地级市2003—2017年的平衡面板数据，分析了金融发展与经济增长率之间的非线性关系。通过实证分析，我们发现金融发展对经济增长的作用会随着门槛变量值的不同而产生不同的影响：当金融门槛值小于2.3464时，金融发展与经济增长没有关系，当金融门槛值大于2.3464时，两者呈负相关关系。所以，不同地区经济发展与金融发展水平各不相同，相应的金融发展政策也需因地制宜。东北地区“去杠杆”应保持在一个合理区间，在该区间内，既能做到有效“去杠杆”又能保证经济平稳持续增长。因此，金融适度发展是实现经济最优增长的必要条件，金融抑制或金融过度均会损害经济增长。具体政策建议如下：

首先，“去杠杆”要适度，根据本章的实证结果分析得出一个合理的阈值，在该区间内，东北地区既能“去杠杆”又能“保增长”。目前东北地区杠杆率已进入高水平阶段，“去杠杆”也是近年来供给侧结构性改革过程中的首要任务，但“去杠杆”不能操之过急，要在适度合理区间内减少负债水平，防止金融抑制或金融过度，以保证东北经济平稳运行，健康发展。

其次，要始终把“保增长”放在第一位，经济增长会影响一个地区的就业、人口等宏观重要指标。东北经济近年来的严重下滑现象促使其必须大力发展经济，改变东北地区当前的经济环境，要始终在保证经济健康有质量发展的基础上追求速度，切忌盲目追求经济增长而忽视质量。

最后，要健全东北地区金融发展体系，提升金融服务水平。要有针对性地制定适合东北地区发展的相应规划，建立适合东北地区产业结构调整的商业银行信贷管理和贷款的评审制度，提供与供给侧结构性改革紧密结合的金融产品。构建多元金融体系，形成金融机构之间的适度良性竞争。拓宽融资渠道，加快消除中小民营企业融资难、融资贵的现象。完善社会信用体系，优化区域金融生态，严查不良信贷，降低信息不对称，夯实金融发展制度基础。以新形式新动力推动金融发展从而带动经济增长。

参考文献

[1] 贾康，苏京春．“供给侧”学派溯源与规律初识［J］．全球化，2016（2）．

[2] 肖林．新供给经济学：供给侧结构性改革经济学思想与理论创新［J］．科学发展，2016（90）．

[3] 方敏，胡涛．供给侧结构性改革的政治经济学［J］．山东社会科学，2016（6）．

[4] 中共中央马克思恩格斯列宁斯大林著作编译局．马克思恩格斯文集［M］．2卷，北京：人民出版社，2009．

[5] 胡钧．论生产力发展的根本动力［J］．经济纵横，2011（3）．

[6] 邱海平．马克思主义政治经济学对于供给侧结构性改革的现实指导意义［J］．红旗文稿，2016（3）．

[7] 中共中央马克思恩格斯列宁斯大林著作编译局．马克思恩格斯文集［M］．8卷，北京：人民出版社，2010．

[8] 洪银兴．准确认识供给侧结构性改革的目标和任务［J］．中国工业经济，2016（6）．

[9] 安树伟，李瑞鹏．高质量发展背景下东北振兴的战略选择［J］．改革，2018（7）．

[10] 安淑新．促进经济高质量发展的路径研究：一个文献综述［J］．当代经济

管理，2018，40（9）.
[11] 钞小静，薛志欣．新时代中国经济高质量发展的理论逻辑与实践机制［J］．西北大学学报（哲学社会科学版），2018，48（6）.
[12] 钞小静，任保平．中国经济增长结构与经济增长质量的实证分析［J］．当代经济科学，2011，33（6）.
[13] 钞小静，惠康．中国经济增长质量的测度［J］．数量经济技术经济研究，2009，26（6）.
[14] 钞小静．经济增长质量：一种理论解释及中国的实证分析［D］．西安：西北大学，2009.
[15] 陈昌兵．新时代我国经济高质量发展动力转换研究［J］．上海经济研究，2018（5）.
[16] 杜爱国．中国经济高质量发展的制度逻辑与前景展望［J］．学习与实践，2018（7）.
[17] 高淑桂．实现高质量发展的核心驱动因素研究［J］．宏观经济管理，2018（9）.
[18] 黄速建，肖红军，王欣．论国有企业高质量发展［J］．中国工业经济，2018（10）.
[19] 惠康，钞小静．经济增长质量研究：一个文献述评［J］．求索，2010（2）.
[20] 胡仁霞，李晓乐．"一带一路"与东北经济的转型发展［J］．延边大学学报（社会科学版），2016，49（3）.
[21] 金碚．关于"高质量发展"的经济学研究［J］．中国工业经济，2018（4）.
[22] 刘现伟，文丰安．新时代民营经济高质量发展的难点与策略［J］．改革，2018（9）.
[23] 鲁继通．我国高质量发展指标体系初探［J］．中国经贸导刊（中），2018（20）.
[24] 蒲晓晔，Jarko Fidrmuc．中国经济高质量发展的动力结构优化机理研究［J］．西北大学学报（哲学社会科学版），2018，48（1）.
[25] 任保平，钞小静，魏婕，等．中国经济增长质量报告（2012）［M］．北京：中国经济出版社，2012.
[26] 任保平，文丰安．新时代中国高质量发展的判断标准、决定因素与实现途径［J］．改革，2018（4）.
[27] 任保平，李禹墨．新时代我国高质量发展评判体系的构建及其转型路径［J］．陕西师范大学学报（哲学社会科学版），2018，47（3）.

[28] 任保平. 新时代中国经济从高速增长转向高质量发展：理论阐释与实践取向 [J]. 学术月刊，2018，50（3）.

[29] 任保平，李禹墨. 新时代我国经济从高速增长转向高质量发展的动力转换 [J]. 经济与管理评论，2019，35（1）.

[30] 任保平. 新时代高质量发展的政治经济学理论逻辑及其现实性 [J]. 人文杂志，2018（2）.

[31] 任保平，郭晗. 新常态下提高我国经济增长质量的路径选择与改革取向 [J]. 天津社会科学，2015（5）.

[32] 任保平，李禹墨. 新时代背景下高质量发展新动能的培育 [J]. 黑龙江社会科学，2018（4）.

[33] 茹少峰，魏博阳，刘家旗. 以效率变革为核心的我国经济高质量发展的实现路径 [J]. 陕西师范大学学报（哲学社会科学版），2018，47（3）.

[34] 邵彦敏. 新发展理念：高质量发展的战略引领 [J]. 国家治理，2018（5）.

[35] 师博，任保平. 中国省际经济高质量发展的测度与分析 [J]. 经济问题，2018，（4）.

[36] 师博，张冰瑶. 新时代、新动能、新经济——当前中国经济高质量发展解析 [J]. 上海经济研究，2018（5）.

[37] 宋国恺. 新时代高质量发展的社会学研究 [J]. 中国特色社会主义研究，2018（5）.

[38] 田秋生. 高质量发展的理论内涵和实践要求 [J]. 山东大学学报（哲学社会科学版），2018（6）.

[39] 王彩霞. 新时代高质量发展的理论要义与实践路径 [J]. 生产力研究，2018（10）.

[40] 王晓峰，张正云. 东北地区人力资本问题及其对经济发展的长期影响研究 [J]. 经济纵横，2016（1）.

[41] 魏后凯. 东北经济的新困境及重振战略思路 [J]. 社会科学辑刊，2017（1）.

[42] 魏敏，李书昊. 新时代中国经济高质量发展水平的测度研究 [J]. 数量经济技术经济研究，2018，35（11）.

[43] 夏春玉. 中国高质量发展 [M]. 大连：东北财经大学出版社，2018.

[44] 徐现祥，李书娟，王贤彬，等. 中国经济增长目标的选择：以高质量发展终结“崩溃论”[J]. 世界经济，2018，41（10）.

[45] 张永恒，郝寿义. 高质量发展阶段新旧动力转换的产业优化升级路径 [J]. 改革，2018（11）.

[46] 张军扩．加快形成推动高质量发展的制度环境［J］．中国发展观察，2018（1）．
[47] 张占斌．经济新常态下的“新东北现象”辨析［J］．人民论坛，2015（24）．
[48] 赵昌文．对“新东北现象”的认识与东北增长新动力培育研究［J］．经济纵横，2015（7）．
[49] 赵华林．高质量发展的关键：创新驱动、绿色发展和民生福祉［J］．中国环境管理，2018，10（4）．
[50] 赵儒煜，王媛玉．论“东北现象”的成因及对策［J］．南开学报（哲学社会科学版），2017（6）．
[51] 金凤君，陈明星．“东北振兴”以来东北地区区域政策评价研究［J］．经济地理，2010（8）．
[52] 刘雅君．供给侧结构性改革视角下东北经济振兴动力机制优化——基于制造业的实证分析［J］．社会科学研究，2016（6）．
[53] 何春．东北经济失速的政策性因素——基于“东北振兴”政策效果的再考察［J］．经济体制改革，2017（1）．
[54] 杨东亮．东北振兴政策实践效果评价与政策启示——基于全要素生产率增长的全国比较［J］．东北亚论坛，2011（5）．
[55] 王娟，郑浩原．东北振兴政策与东北经济增长——基于PSM-DID方法的经验分析［J］．东北财经大学学报，2017（5）．
[56] 杨东亮，赵振全．东北经济失速的投资性根源［J］．东北亚论坛，2015（5）．
[57] 褚敏，踪家峰．东北经济增长缘何艰难：体制藩篱还是结构扭曲［J］．财经问题研究，2017（4）．
[58] 王贤彬，聂海峰．行政区划调整与经济增长［J］．管理世界，2010（4）．
[59] 张先锋，杨东旭，孙红燕，等．西部大开发战略实施的转型升级效果评价［J］．西部论坛，2016（5）．
[60] 张琛，孔祥智．行政区划调整与粮食生产：来自合成控制法的证据［J］．农业经济，2017（5）．
[61] 吴家曦，李华燊．浙江省中小企业转型升级调查报告［J］．管理世界，2009（8）．
[62] 林汉川，管鸿禧．中小企业发展现状与面临问题剖析——湖北、广东中小企业问卷调查［J］．改革，2001（5）．
[63] 李锐．我国民营企业转型升级问研究［D］．福州：福建师范大学，2013．
[64] 孟凡锐．“中等收入陷阱”背景下辽宁省企业升级研究［D］．大连：辽宁

师范大学，2013.

[65] 朱荣，程学燕. 辽宁省小微企业融资现状调查与分析 [J]. 东北财经大学学报，2012 (3).

[66] BAUMOL W J. Entrepreneurship: productive, unproductive and destructive [J]. Journal of Political Economy，1998，98 (5).

[67] ROMER P M. Increasing returns and long-run growth [J]. Journal of Political Economy，1986，94 (5).

[68] LUCAS R E. Why doesn't capital flow from rich to poor countries? [J]. The American Economic Review，1990，80 (2).

[69] 叶勤. 企业家精神的兴起对美国经济增长的促进作用及其启示 [J]. 外国经济与管理，2000 (10).

[70] 李新春. 中国国有企业重组的企业家机制 [J]. 中国社会科学，2001 (4).

[71] 庄子银. 企业家精神、持续技术创新和长期经济增长的微观机制 [J]. 世界经济，2005 (12).

[72] 杨子晖. 政府规模、政府支出增长与经济增长关系的非线性研究 [J]. 数量经济技术经济研究，2011，28 (6).

[73] 文雁兵. 政府规模的扩张偏向与福利效应——理论新假说与实证再检验 [J]. 中国工业经济，2014 (5).

[74] 刘方. 经济增长与政府最优规模关系探讨 [J]. 统计与决策，2006 (23).

[75] 杨友才，赖敏晖. 我国最优政府财政支出规模——基于门槛回归的分析 [J]. 经济科学，2009 (2).

[76] 陈俊营，王科. 最优政府规模与经济增长：理论与证据 [J]. 现代财经(天津财经大学学报)，2015，35 (8).

[77] 杨东亮，赵振全. 东北经济失速的投资性根源 [J]. 东北亚坛，2015，24 (5).

[78] 叶振宇. 东北地区经济发展态势与新一轮振兴 [J]. 区域经济评论，2015 (6).

[79] 张国清，马丽，黄芳. 习近平 “亲清论” 与建构新型政商关系 [J]. 中共中央党校学报，2016，20 (5).

[80] 靳浩辉，常青. 习近平倡导的 “亲” “清” 新型政商关系：权力与资本良性互动的指南针 [J]. 学习论坛，2017，33 (4).

[81] 孙伟祖. “亲” “清” 视域下的政商关系解读 [J]. 辽宁省社会主义学院学报，2017 (2).

[82] 张洪为. 全球比较视角下 “亲” 与 “清” 新型政商关系的构建 [J]. 行政

论坛，2018，25（6）.
[83] 孙丽丽. 关于构建新型政商关系的思考［J］. 经济问题，2016（2）.
[84] 何文靓，程家健. 供给侧结构性改革背景下新型政商关系构建路径探讨［J］. 地方治理研究，2017（4）.
[85] 张学娟，郝宇青. 现代治理体系下的新型政商关系构建［J］. 理论探索，2017（1）.
[86] 褚红丽. 新型政商关系的构建："亲"上加"清"［J］. 山东大学学报（哲学社会科学版），2018（5）.
[87] 邓凌，刘陶林，张志辽. 构建"亲""清"新型政商关系的法治化路径研究［J］. 理论导刊，2018（6）.
[88] 王帅. 法治、善治与规制——亲清政商关系的三个面向［J］. 中国行政管理，2019（8）.
[89] 李永胜. "亲""清"政商关系开拓了治国理政新境界［J］. 北京工业大学学报（社会科学版），2018，18（1）.
[90] 胡凤乔，叶杰. 新时代的政商关系研究：进展与前瞻［J］. 浙江工商大学学报，2018（3）.
[91] 孙德超，钟莉莉. 基于"亲"和"清"不同组合的政商关系的类型划分及转化机理［J］. 福建论坛（人文社会科学版），2019（7）.
[92] 管考磊. 亲清政商关系会影响企业创新吗——来自中国上市公司的经验证据［J］. 当代财经，2019（6）.
[93] 马勇，陈雨露. 金融杠杆、杠杆波动与经济增长［J］. 经济研究，2017，52（6）.